全国英语专业博雅系列教材/总主编　丁建新

文化研究

丁建新　谭　晖　易莲媛　王　晶
林　燕　沈文静　刘向东　朱海玉　著

中山大学出版社
SUN YAT-SEN UNIVERSITY PRESS

·广州·

版权所有　翻印必究

图书在版编目（CIP）数据

文化研究/丁建新，谭晖等著．—广州：中山大学出版社，2016.8
（全国英语专业博雅系列教材/总主编　丁建新）
ISBN 978-7-306-05801-0

Ⅰ.①文…　Ⅱ.①丁…②谭…　Ⅲ.①文化研究—英语—高等学校—教材　Ⅳ.①G0-43

中国版本图书馆CIP数据核字（2016）第195863号

出版人：徐　劲
策划编辑：熊锡源
责任编辑：熊锡源
封面设计：曾　斌
责任校对：刘学谦
责任技编：何雅涛
出版发行：中山大学出版社
电　　话：编辑部 020-84111996，84113349，84111997，84110779
　　　　　发行部 020-84111998，84111981，84111160
地　　址：广州市新港西路135号
邮　　编：510275　　传　真：020-84036565
网　　址：http://www.zsup.com.cn　E-mail：zdcbs@mail.sysu.edu.cn
印刷者：广州中大印刷有限公司
规　　格：787mm×960mm　1/16　10印张　150千字
版次印次：2016年8月第1版　2016年8月第1次印刷
印　　数：1～3 000册
定　　价：32.00元

如发现本书因印装质量影响阅读，请与出版社发行部联系调换

全国英语专业博雅系列教材编委会

总主编　丁建新（中山大学）

编　委　会

李洪儒（黑龙江大学）
司显柱（北京交通大学）
赵彦春（天津外国语大学）
田海龙（天津外国语大学）
夏慧言（天津科技大学）
李会民（河南科技学院）
刘承宇（西南大学）
施　旭（浙江大学）
辛　斌（南京师范大学）
杨信彰（厦门大学）
徐畅贤（湖南城市学院）
李玉英（江西师范大学）
李发根（江西师范大学）
肖坤学（广州大学）
宫　齐（暨南大学）
张广奎（广东财经大学）
温宾利（广东外语外贸大学）
杜金榜（广东外语外贸大学）
阮　炜（深圳大学）
张晓红（深圳大学）

博雅之辩（代序）

大学精神陷入前所未有的危机，许多人在寻找出路。

我们的坚持是，提倡博雅教育（Liberal Education）。因为大凡提倡什么，关键在于审视问题的症结何在，对症下药。而当下之困局，根源在于功利，在于忘掉了教育之根本。

博雅教育之理念，可以追溯至古罗马人提倡的"七艺"：文法、修辞、辩证法、音乐、算术、几何、天文学。其目的在于培养人格完美的自由思考者。在中国教育史上，博雅的思想，古已有之。中国儒家教育的传统，强调以培养学生人格为核心。儒家"六艺"，礼、乐、射、御、书、数，体现的正是我们所讲的博雅理念。"学识广博，生活高雅"，在这一点上，中国与西方，现代与传统，并无二致。

在古罗马，博雅教育在于培育自由的人格与社会精英。在启蒙时代，博雅教育意指解放思想，破除成见。"什么都知道一点，有些事情知道得多一点"，这是19世纪英国的思想家约翰·斯图亚特·密尔（John Stuart Mill）对博雅的诠释。同一时期，另外一位思想家，曾任都柏林大学校长的约翰·亨利·纽曼（John Henry Newman）在《大学理念》一书中，也曾这样表述博雅的培养目标："如果必须给大学课程一个实际目标，那么，我说它就是训练社会的良好成员。它的艺术是社会生活的艺术，它的目的是对世界的适应……大学训练旨在提高社会的精神格调，培养公众的智慧，纯洁一个民族的趣味"。

博雅教育包括科学与人文，目标在于培养人的自由和理性的精神,而不是迎合市场与风俗。教育的目标在于让学生学会尊重人类生活固有的内在价值:生命的价值、尊严的价值、求知的价值、爱的价值、相互尊重的价值、自我超越的价值、创新的价值。提倡博雅教育,就是要担当这些价值守护者的角色。博雅教育对于我们来说,是一种素质教育、人文教育。人文教育关心人类的终极目标,不是以"有用"为标准。它不是"万金油",也无关乎"风花雪月"。

在美国,专注于博雅教育的大学称为"文理学院",拒绝职业性的教育。在中国香港,以博雅教育为宗旨的就有岭南大学,提倡"全人教育";在台湾大学,博雅教育是大学教育的基础,课程涉及文学与艺术、历史思维、世界文明、道德与哲学、公民意识与社会分析、量化分析与数学素养、物质科学、生命科学等八大领域。在欧洲,博雅教育历史中的七大范畴被分为"三道"(初级)与"四道"(高级)。前者包括语法、修辞与辩证法,后者包括算术、几何、天文与音乐。在中国大陆的中山大学,许多有识之士也提倡博雅之理念,让最好的教授开设通识课程,涉及现代学科之环境、生物、地理等各门。同时设立"博雅学院",学拉丁,读古典,开风气之先。

外语作为一门人文性很强的学科,尤其有必要落实博雅之理念。对于我们来说,最好的"应用型"教育在于博雅。早在20世纪20~40年代,在水木清华的外文系,吴宓先生提倡"语""文"并重,"中""西"兼修,教学上提倡自主学习与互动研究。在《西洋文学系学程总则》中,吴宓明确了"博雅之士"的培养目标:

> 本系课程编写的目的为使学生:(甲)成为博雅之士;(乙)了解西洋文明之精神;(丙)熟读西方文学之名著、谙悉西方思想之潮流,因而在国内教授英、德、法各国语言文字及文学,足以胜任愉快;(丁)创造今日之中国文学;(戊)汇通东西方之精神而互为介绍传布。

博雅之于我们,不仅仅是理念,更重要的是课程体系,是教材,是教法,是实践,是反应试教育,是将通识与专业熔于一炉。基于这样的理念，我们编写了这套丛书。希望通过这样的教育，让我们的学生知道人之为人是有他内在的生活意义，告诉我们的学生去求知，去阅读，去思考，去创造，去理解世界，去适应社会，去爱，去相互尊重，去审美，去找回精神的家园。

无需辩驳，也不怕非议。这是我们的坚守。

中山大学外国语学院　教授、博士生导师
中山大学语言研究所　所长
丁建新
2013 年春天

前　言

雷蒙德·威廉斯（Raymond Williams）在《关键词：文化与社会的词汇》中认为"文化"是英语中最复杂的词语之一。鲍曼（Zygmunt Bauman）在他的经典著作《作为实践的文化》中也强调文化这个概念所具有的人所共知的根深蒂固的模糊性。他将文化分为作为概念的文化、作为结构的文化以及作为实践的文化三个维度。作为分立的文化话语语境，这三者的区分提供了不同的文化话语语境，也决定了文化话语必然包含的矛盾性。而在《后现代主义与文化理论》中，杰姆逊（Fredric Jameson）也将文化的含义从"耕耘""农作"之外，拓展到精神心理、社会日常行为、装饰性活动等三个层面。这与人类学家泰勒在《原始文化》中所言文化是包括了全部的知识、信仰、艺术、道德、法律、风俗以及作为社会成员所掌握和接受的任何其他才能和习惯的复合体一样，指出了文化作为人的价值、行为和结构自主领域其内涵的丰富性，因而文化研究具有丰富的内涵。而美国著名的人类学家克利福德·格尔兹（Clifford Geevtz）在《文化的解释》中指出，文化是一张需要"深描"（thick description），需要研究者自身观念世界、研究对象观念世界以及读者观念世界三者间沟通的意义之网，因此文化研究的方法体系也有多个向度。文化话语包含的矛盾性以及内涵的丰富性决定了文化作为话语语境的复杂性，通过话语语境化问题进行语言和社会研究也具有多种维度和切入途径，文化研究必然会突破历史学、语言学、人类学、社会学、人文地理等诸多人文社会学科边界，构建独特的研究体系。

1964年，在左翼出版商 Allen Lane 等人的资助下，伯明翰大学英语系现代英国文学教授 Richard Hoggart 以题为 *Schools of English and Contemporary Society* 的就职演说宣告了伯明翰大学当代文化研究中心（CCCS）的成立，在这里起源的文化研究学派也称"伯明翰学派"（Birmingham School）。该学派将文化置于社会—历史语境中，用社会生产和再生产的理论对文化加以考察，分析社会和文化霸权的控制形式以及反霸权的途径，先后经历了 Hoggart 时代（1964—1968）、Stuart Hall 时代（1969—1979）、后 Hall 时代（1979—）的发展，从范式上先后经历了结构主义和文化主义、新葛兰西主义，从关注大众文化、工人阶级文化到关注种族主义、性别主义、民族主义进而开展了青少年亚文化、种族亚文化、异常行为与犯罪亚文化、妇女文化研究、媒介研究，到 20 世纪 80 年代中期，不仅工人阶级、教育、青年亚文化、女性、少数族群、第三世界主题出现了新发展，"新时代"文化研究、修正主义文化研究、身份研究、消费文化、视觉文化等新领域也随之出现，文化研究将文学、语言学、符号学、结构主义、叙述学、精神分析、文化人类学、社会学等各种人文学科的成果纳入自身的知识谱系，逐步形成了具有反理论倾向的研究体系。由于社会环境的变更及英国其他大学文化研究的后来居上，1987 年由 CCCS 与社会学系合并而成的文化研究与社会学系（CCS）在伯明翰校方末位淘汰体制下于 2002 年被关闭。Stuart Hall 等近 50 名学者在《泰晤士报》高等教育副刊上刊登公开信对伯明翰关闭事件表示抗议，日本、澳大利亚、新西兰、美国等国大学的相关院系与学者也以机构和个人身份向校方建言但仍无法改变 CCS（1987 年由 CCCS 与社会学系合并而成）被关闭的事实。尽管如此，CCCS 在英国文化研究史上的影响不会被抹去。今天，英国 Sage Publication Ltd, Routledge, Edingbourgh University Press, Policy 等出版机构大力出版文化研究专著和期刊，各大学也活跃着各种文化研究学术活动，这都表明奠基于伯明翰学派的英国仍然是全球文化研究的重镇。而从 Hoggart 因赴任联合国教科文组织总干事助理而离开 CCCS 开始，伯明翰学派乃至英国文化研究已经走上了国际化的道路。文化研究将影响延伸到加拿大、澳大利亚、美国等地，并于20世纪80年代末90年代初登陆中国。它在半个世纪里的发展不仅将自己推到了西方人文社会科学研究的中心，而且在全球知识领域占据了重要地位。文化研究已经集文化诗学、文化批评、文化唯物主义于一身，形成了鲜明的反理论倾向以及自己相对固定的主题和特征，具有独特的学术魅力和良好的发展前景。

本书在对文化研究Cultural Studies学术史进行梳理的基础上，对于文化研究的概念、研究方法以及主要议题进行了介绍。作者主要由中山大学外国语学院丁建新教授学术团队组成。其中，第一章、第五章由谭晖撰写（第五章发表于《外语与外语教学》2016年第2期），第二章由林燕撰写，第三章由朱海玉撰写，第四章由沈文静撰写（部分内容即将发表于《天津外国语大学学报》，系华南农业大学校长科学基金、新学科扶持基金项目成果，项目号：5100-k15049），第六章由王晶撰写，第七章由丁建新、刘向东撰写（发表于《天津外国语大学学报》2015年第6期），第八章及附录一由易莲媛撰写，附录二由全体作者共同整理。本书是对近年来国内外学术界"文化研究"思潮的一种回应。由于文化研究系统庞杂，其谱系随着社会的发展不断拓展变化，加上著者水平有限，本书难免存在疏漏、谬误，恳请专家、学者以及使用本书的广大师生批评指正。

作　者

2016年4月20日

目 录

第一章 概 论 …………………………………………………… 1
第二章 文化研究的概念 ………………………………………… 9
第三章 文化研究方法论 ………………………………………… 28
第四章 文化、权力与亚文化 …………………………………… 37
第五章 后现代文化分析：以建筑话语为例 …………………… 46
第六章 视觉文化 ………………………………………………… 59
第七章 身体的文化研究 ………………………………………… 78
第八章 大众文化研究：电影的视角 …………………………… 90
参考文献 ………………………………………………………… 109
附录一：2014年香港区域文化动态 …………………………… 122
附录二：文化研究关键词 ……………………………………… 136

第一章 概 论

一、引 言

滥觞于20世纪中期的文化研究（Cultural Studies）以英国伯明翰大学当代文化研究中心（CCCS）的创立作为机构化的标志，由此起源的"文化研究"学派又称"伯明翰学派"（Birmingham School）。作为对文本中心主义的超越，文化研究（Cultural Studies）将文化置于社会—历史语境中，用社会生产和再生产的理论对文化加以考察，分析社会和文化霸权的控制形式以及反霸权的途径，因而它特指一种文化理论思潮和文化批评运动，同时也是研究文化的一种方法和视角。文化研究20世纪中期从英国起步进而于70年代进一步扩展，80年代将影响延伸到加拿大、澳大利亚、美国等地，80年代末90年代初登陆中国，它在对文学、历史学、语言学、人类学、社会学、人文地理等诸多人文社会学科边界的突破中，集文化诗学、文化批评、文化唯物主义于一身，形成了鲜明的反理论倾向以及自己相对固定的主题和特征，具有独特的学术魅力和良好的发展前景。

二、文化研究的兴起

伯明翰学派文化研究是在英国社会文化危机中孕育的。"二战"以后，英国国内"福利国家"建设引发了社会和道德秩序的混乱，同时，工人阶级生活水平的提高以及工人运动的消退，使激进的革命意识变得不合时宜，英国阶级结构的变化带来了新生政治问题；而国际上苏联出兵匈牙利、苏伊士运河危机等变革也相继发生。国内外社会形势使英国知识分子陷入危机感与迷茫之中，他们在寻找对策和不断的自我修正中逐步形成了"新左派"（New Left）。"新左派"反对政治集权、经济统制和制度化的等级制，主张批判斯大林集权主义，强调社会主义人道主义，将文化与政治结合起来全面反思英国社会。他们活跃于不断发展的成人教育中，得以掌握了大量的下层人民生活状况资源，积累了介入文化事务的经验。这些都为英国文化研究的兴起创造了条件，加上美国"大众文化"进入英国所产生的刺激和影响，伯明翰学派的文化研究作为社会思潮的出现成为社会历史发展的必然。

1. 当代文化研究中心（CCCS）与伯明翰学派

1964 年，在左翼出版商 Allen Lane 等的资助下，伯明翰大学英语系现代英国文学教授 Richard Hoggart 以题为 *Schools of English and Contemporary Society* 的就职演说宣告了伯明翰大学当代文化研究中心（CCCS）的成立，在这里起源的"文化研究"学派也称"伯明翰学派"（Birmingham School）。该学派一开始起就注重文化的政治学，将时代和环境中的政治性问题作为一个重要的主题，这使文化研究的焦点都与政治事态紧密相关：对意识形态的关注源于反不平等斗争，亚文化研究对新的社会变革力量的探寻对应着当时工人阶级和保守意识形态及政党的结合，对马克思主义的重构发端于 20 世纪 60 年代的政治运动，女性主义研究与女权主义运动紧密相关，种族问题研究也由种族主义斗争引发，研究转向中对英国教育和教育学的关注也源自于政治担忧，20 世纪 70 年代研究对于 authoritarian populism 的理解也源自政治的右倾转变，等等。

2. 英国文化研究的 Richard Hoggart 时代（1964—1968）

Hoggart 时代（1964—1968）前后的英国文化研究，在范式上已经摆脱了文化精英主义，在这一时期 R. Hoggart 用 *The Uses of Literacy*

(1958)为大众文化研究提供了不可或缺的语境,竖起了文化主义研究范式的第一根标杆;Raymond Williams 贡献了作为文化主义研究范式以及文化研究的奠基之作的 Culture and Society (1958), The Long Revolution (1962);这一时期的代表人物和著作还有 Thompson 的 The Making of English Class (1963), Stuart Hall 的 Popular Arts (1964) 等。关于这一时期文化研究的特点,正如 Frank Webster 在 Sociology, Culture Studies, Disciplinary Boundaries (2001) 一文中所言,在社会科学突破结构主义和量化分析方法的统治而转向马克思和韦伯的背景下,受社会学研究将"阶级"作为核心概念的影响,"阶级"成为分析和解释教育、休闲、审美等方面现象的尺度和标准。这是以"阶级"概念为基准的研究范式时代,作为学术或知识的文化研究也因此打上了文化政治或符号政治的烙印。

三、文化研究的发展

1. 英国文化研究的发展

1.1 Stuart Hall 时代(1969—1979)

1968 年,Hoggart 因赴任联合国教科文组织总干事助理而离开 CCCS,随后英国文化研究也从婴幼时代进入黄金时期:Stuart Hall 时代(1969—1979)。这一时期的 1968 年法国"五月风暴"以及伴随而起的妇女运动、同性恋运动和种族歧视使边缘身份和弱势人群取代工人阶级成为社会反抗的主体,因而文化研究重心也从对工人阶级文化的关注转移到了青年亚文化、媒介文化等领域。

20 世纪 70 年代意大利马克思主义者 Antonio Gramsci 的 Hegemony Theory 的引入使文化研究的结构主义和文化主义范式出现了新葛兰西主义转向。除进行阶级史、大众文化史及大众文化等传统性的研究工作之外,文化研究逐步从抽象群体研究转向分化性事实研究。这一时期的 CCCS 开展了日常生活史的人种志研究,关注种族主义、性别主义、民族主义进而开展了青少年亚文化、种族亚文化、异常行为与犯罪亚文化以及妇女文化研究，媒介研究也成为该时期的研究重心之一，因而亚文化、媒介文化等是 Hall 时代文化研究的重要主题。

文化研究通过亚文化系列研究、以亚群体形式进行的女性主义研究、媒体研究等改变了英国历史书写与现状分析对冲突的遮蔽，使反抗性和斗争性成为这一时期文化研究鲜明的主题特色。CCCS 在 70 年代（尤其是 1972 年）开展了意识形态系列讨论等活动之后，1978 年出版了至今仍被视为探寻 19 世纪 70 年代初期马克思主义状况窗口的文化研究经典读本 *On Ideology*，尽管它没有对阿尔都塞结构主义马克思主义意识形态等进行探讨，也并未涉及种族主义、性别主义、民族主义，但它宣告意识形态已经成为文化研究的重要维度，"意识形态"已经成为文化研究的关键词。

1.2 后 Hall 时代（1979—）

1979 年至今，是英国文化研究的后 Hall 时代。80 年代中期开始，受后现代思潮的影响，CCCS 的文化研究比此前两个阶段呈现了更为丰富的多样性，不仅工人阶级、教育、青年亚文化、女性、少数族群、第三世界主题出现了新发展，"新时代"文化研究、修正主义文化研究、身份研究、消费文化、视觉文化等新领域也随之出现，英国文化研究进入了新语境下总结性反思与开拓性重构并重的时代。

这一时期的文化研究将马克思主义作为重要的思想和学理资源，同时将文学、语言学、符号学、结构主义、叙述学、精神分析、文化人类学、社会学等各种人文学科的成果纳入自身的知识谱系，逐步形成了具有反理论倾向的研究体系。在后 Hall 时代 CCCS 出版的第一部作品 *Culture, Media, Language: Working Papers in Culture Studies, 1972—1979*（1980）中，文化研究被定位成"不是一门学科，而是一个领域，不同学科于其间交织在对社会的文化面向的研究之中"（1980：7），文化研究必须保持研究方法的开放性与多样性。这一时期随着 Michel Foucault 知识/权力理论、Derrida 解构主义、Edward W. Said 东方学、Jacques Lacan 马克思主义心理分析、Jean Francois Lyotard 后现代理论、Jean Baudrillard 消费社会理论、Fredric Jameson 的晚期资本主义文化逻辑、Pierre Bourdieu 的资本学说、Michel de

Certeau 的日常生活美学的影响，不仅包括 Williams、Hall 在内的伯明翰学者纷纷对自己的立场和观点进行修正，比如 Williams 强调意义的变异、Hall 对"表征"建构性的突显等，文化研究里还出现了"快感政治学"等新领域，产生诸如 Dick Hebdige 的 *Mistakes Identities*：*Why John Paul Didn't Do It His Way*（1981）,*Framing the Youth Problem*（1983）,*One Rout into Material Culture*（1984）,*Even unto Death*：*Improvisation*，*Edging*，*and Enframement*（2001）等代表作品。当代的英国文化研究也已将对西方意识形态的反思诉诸社会语境中的差异问题，知识生产背后的权力和利益关系具有了去西方中心主义的特征。文化研究的民族志等方法的研究也不断拓展，*The Topological Quality of Infrastructural Realation*：*An Ethnographic Approach*（2012）等研究成为文化研究通过 Topologies of Culture 等探索在积极应对新的经济、政治和文化生活形式连续体的新秩序的信号与表征。

由于社会环境的变更及英国其他大学文化研究的后来居上，1987 年由 CCCS 与社会学系合并而成的文化研究与社会学系（CCS）在伯明翰校方末位淘汰体制下于 2002 年被关闭。Stuart Hall 等近 50 名学者在《泰晤士报》高等教育副刊上刊登公开信对伯明翰关闭事件表示抗议，日本、澳大利亚、新西兰、美国等国大学的相关院系与学者也以机构和个人身份向校方建言仍无法改变 CCS 被关闭的事实。尽管如此，CCCS 在英国文化研究史上的影响不会被抹去。今天英国 Sage Publication Ltd，Routledge，Edingbourgh University Press，Policy 等文化研究专著、期刊出版的繁荣，各大学活跃的文化研究学术活动都表明奠基于伯明翰学派的英国仍然是全球文化研究的重镇。

2. 英国之外：文化研究的国际化

如果把 Hoggart 因赴任联合国教科文组织总干事助理而离开 CCCS 视为伯明翰学派乃至英国文化研究国际化的标志，那么英国之外各国革命斗争的实践以及知识分子理论构建与文化研究体系的互动，使英国文化研究在不同领域、不同语境、不同地域实现了新的发展。

反抗性和斗争性是文化研究鲜明的主题特色。这一特色在拉丁美洲和非洲文化研究中体现更为明显。他们的文化研究与自身民族解放、帝国主义霸权之下的斗争紧密关联，安哥拉 Frantz Fanon 20 世纪 50 年代的后殖民时代民族身份研究、几内亚 Amilcar Carbral 对民族解放作为"文化行动"的认识、肯尼亚 Ngugi wa Thiongo 等人将文化研究与非洲革命经验结合都是文化研究在斗争背景下的产物。

美国文化在伯明翰学派文化研究兴起之前就有相对独立的生长点，其后也有自身过程逻辑，但它仍然遵从了以伯明翰学派为代表的英国文化研究所构建的通约型学术规范。以大众文化研究为例，提出"文化消费主义"主张的 John Fiske 毕业于剑桥大学，先后在美国、澳大利亚等地工作。他继 1978 年与 John Hartley 完成 *Reading Television*，1989 年写成 *Understanding Popular Culture*，*Reading the Popular Culture* 等美国大众文化研究的"拓荒"之作后，在大众文学研究领域不断开拓，先后出版了近 10 部著作以及数百篇有关大众文化、大众传播和影视文化的研究论文，其"popular culture is everyday life"的论述已经成为大众文化研究的经典论断。此外，美国文化研究在各种运动和抵制中不断发展，逐步在欧美学术界取得了重要地位。成立于 2003 年的美国 Culture Studies Association（CSA）于 2011 年 3 月 24 日至 26 日在美国 Columbia College，Chicago 举行第九届年会，云集了 30 多个国家约 400 所高等学府及研究机构的 540 名学者出席，其分 13 个议题进行的 600 多场会议和报告涵盖了国际上文化、艺术、经济等领域的视觉文化、媒介文化、女性文化、城市文化等领域，作为闯入文化研究领域的时代新元素科技观念和实践也成为引人关注的议题。除了 CSA 的研究话题之外，中国文化、教育、危机话语成为文化研究近几年来的热点，跨学科研究在美国文化研究中不仅得到坚持，而且将更加深入。

在欧洲，法国和意大利作为先锋艺术促生的文化研究代表，不仅有自身的特色体系，而且也影响了英国的文化研究。1957 年，法国学者 Roland Barthes 出版 *Mythologies*，其细致的文本分析，对大众文化研究产生了巨大的影响。而他用结构语言学与符号学术语对"作为语言的文化"进行分析，被文化研究吸收而成为结构主义文化研究范式的重要组成部分。在法国文化研究当中，法国当代著名社会学家 Pierre Bourdieu 的影响也不可忽视。他不仅为文化研究提供了资本理论这一来源，1996 年他出版 *On Television* 一书，其中文化工业与商业逻辑的关联对大众文化进行了社会性、经验性的批判。意大利马克思主义者 Gramsci 的 Hegemony Theory 引起了文化研究范式的"葛兰西转向"，Tony Bennet 曾将 Gramsci 对于文化研究的影响概括为四个方面：一是抛弃阶级本质主义，文化不再被看作是某个特定阶级的阶级性的体现；二是将大众文化看作支配和反支配力量之间谈判、斗争和妥协的场所（也就是争夺"文化领导权"的场所），而不再是压制—抵抗、精英主义—民粹主义、悲观主义—乐观主义的简单化二元对立范式；三是强调文化与意识形态之间关系的复杂性；四是 Gramsci 对阶级本质主义的摒弃使得阶级以外的文化斗争形式和压迫—反抗关系（如性别关系、种族关系、代际关系等）进入文化研究的视野（罗钢、刘象愚，2000：18）。而符号学家 Unberto Eco 的日常工生活符号游击战观点以及对电视观众的研究在意大利文化研究中有着重要影响力。

与美国同时受英国文化研究影响的澳大利亚随着 20 世纪 80 年代一批学者因逃离撒切尔保守政府移居潮而于 20 世纪 80～90 年代发展成为文化研究的重镇，聚集了 John Fiske, Ien Ang, Tony Bennett, John Hartley, John Frow 等大师级学者，"左派学者在澳大利亚漫游，谈的却是伯明翰"（Sardar, Ziauddin & Born van Loon，1998：63），20 世纪末文化研究系也在各个大学涌现。尽管后来这些研究系的改名表明澳大利亚文化研究在几十年发展历程中一度出现了冷场局面，但文化研究却从来没有在澳大利亚退出学术舞台。法国理论家 Bruno Latour 的 "actor-network theory" 成为澳大利亚文化研究新的理论关注点，在理论的探寻中，"什么是文化研究"成为新生代关注的问题。2012 年，澳大利亚文化研究领军人物 Graeme Turner 出版新书 *What's Become of Culture Studies* 对澳大利亚文化研究过去 30 年的历史进行了总结，对未来的发展进行了分析。澳大利亚文化研究坚持关注非主流的一贯特点，成为世界文化研究的重要组成部分。

随着伯明翰学派文化研究在中国大陆本土的发展，进入21世纪涉及"文化研究几乎所有要讨论的主题"（陶东风，2006：18）的中国文化研究系统已经形成。在中国香港，文化研究在香港7所大学中的3所实现了体制化。香港文化研究广泛吸收了包括中国大陆、台湾乃至全球的文化研究理论和实践经验，多元化问题如身份认同、城市命运、民主建设、性别抗争等尖锐而敏感，较强的政治批判性体现了香港作为不同于大陆的特区高度政治化的语境。香港特殊的地理、历史、政治环境使比较研究成为香港文化研究的重要方法。作为紧跟时代、解决地区性焦虑的重要途径，较内地沉寂的香港文化研究期待繁荣时代的到来。与香港不同，台湾地区的文化研究资源具有较高的区域整合性，陈光兴主编的 *Inter-Asia Culture Studies: Movements* 作为台湾第一份获得SSCI收录的英文期刊，不仅体现了文化研究在台湾学术体系中的前沿性，其作为国际文化研究领域的重要刊物，也为台湾文化研究国际化创建了平台，突出地体现了台湾学者打破欧美学术霸权的自觉。台湾文化研究已经成为跨学科发展、跨区域互动的体系，它在陈光兴、何春蕤、刘纪蕙等声名远播的文化研究学者带领下将迎来更蓬勃的发展。

四、结　语

伯明翰学派文化研究创建了英国乃至全世界文化研究的通约性学术规范。随着CCCS文化研究范式向英国其他高校和研究机构的扩散，随着英国文化与美国文化等其他地域性文化的相互影响，文化研究的组合性机制将推动文化研究在不同领域、不同语境、不同地域实现发展。

第二章　文化研究的概念

一、引　言

英国人类学家 Tyler 在 1871 年出版的《原始文化》中首次提出"文化"的定义。他指出"文化是一种复杂的整体，它包括知识、信仰、艺术、道德、法律、风俗，以及其他任何作为社会成员的人所获取的一切能力与习惯"（转引自 Kroeber & Kluckhohn（1952：43））。Tyler 的定义试图说明，构成文化的诸多因素，既涉及思想（艺术、道德与法律），也涉及活动（风俗与习惯），文化被视为一个包罗万象的整体，构成了社会生活的总和。文化研究主要在两个层面进行，第一个层面是将感知从艺术到普通事物，包括生活整体方式的视觉文化的转移，代表了文化由一个广泛文学性的定义向人类学定义的转移；文化研究的第二个层面是文化在社会形态中的地位问题，即文化相对于其他社会实践，例如经济和政治的关系。

本章我们主要回顾 Geertz、Williams、Bennett、Foucault 和 Hall 等学者对文化的理解。美国人类学家、解释人类学的提出者 Geertz 在 1973 年开始，从"主流文化"向"正在边缘化的文化"跨越的人类学，提出文化是一种意义模式，它不能掌握自己的命运，文化理论不做预言，文化与人类紧密相关。20 世纪中叶英语世界最重要的马克思主义文化批评家 Williams 在 Williams（1965，1981，1983，1989）中提出文化作为"一整套生活方式"的观点，发展了"文化"这一概念,认为文化普遍存在于社会之中,通过追溯文化的发展历程,梳理了文化的现代用法,提出了作为生活经验的文化理念。他主张从三个方面来理解文化:作为艺术及艺术活动的文化、作为特殊生活方式的文化以及作为发展过程的文化。澳大利亚文化研究的重要学者Bennett 在 Bennett(1992,1998)中提出,文化研究是高等教育系统中的一个政府分支,其首要位置是高等教育系统,主张从治理性、文化和权力等三个角度理解文化。Foucault(1972,1973,1977,1979,1980,1984a,1984b)提出语言在特定的物质和历史条件下发展并产生一定的意义,关注话语及其影响的表面描述和分析,主张从话语实践、话语与纪律、权力的生产力和话语主体等几个方面理解文化理念,提出文化研究是一种话语构式,文化的概念是共同的意义。英国文化研究旗手 Hall 在 Hall(1977,1978,1981,1996a,1996b,1996c)中则讨论了霸权以及在权利、机构和政治/经济框架之中的语言运用的问题,提出文化是我们了解世界的各种方式,主张从社会学主体、后现代主体、精神分析和主观主义以及霸权模式等角度理解文化研究的理念,认为文化是一种"社会行动和干预的关键位置,其中的权力关系既是成立的又潜藏着不稳定"。

二、Geertz 的文化理念

Geertz

"解释人类学"的创始人、"反思人类学(reflexive anthropology)"的最早实践者 Geertz(1973)提出:"文化是一种通过符号在历史上代代相传的意义模式,它将传承的观念表现于象征形式之中。通过文化的符号体系,人与人得以相互沟通、绵延传续,并发展出对人生的知识及对生命的态度。"换而言之,Geertz 认为文化研究

第二章 文化研究的概念

不是"科学"的探求,而与被研究的文化一样,是一种人与人得以相互沟通、社会得以绵延传续、人生的知识及对生命的态度得以表述的话语途径。他把文化界定为一个表达价值观的符号体系,符号所承载的就是"意义",即包括认识、情感、道德在内的一般性思考,这些正是文化的核心内容。文化是一种通过符号在历史上代代相传的意义模式。Geertz 的人类学研究,其出发点并非是要在一个社会结构内部去解释文化,他面对的是一个文化之间关系逐步变得复杂的世界。在此世界之中,现代的文化及其带来的新式权力关系,首先是以殖民主义的形式强加在非西方社会之上,自 20 世纪中叶以来逐步成为(或至少表面上逐步成为)非西方"土著文化"所接受的"意义体系"。Geertz(1973)试图探讨从所谓的(西方式的)"主流文化"向(非西方式的)"正在边缘化的文化"跨越的人类学。然而,他与众多文化论著不同的是,他不但没有强调"主流文化"的合理性,而且也反对把"正在边缘化的文化"看成是毫无现代生命力的体现。

Geertz(1973)认为,没有人类,就没有文化,但是更重要的是,没有文化,就没有人类。文化理论思想是从其他相关研究接收过来的,经过精雕细琢,运用到新的需要解释的问题上。文化阐释的一些特点使它的理论发展变得格外困难。首先,与更擅长想象和抽象的自然科学相比,文化阐释似乎要求理论更接近于基础。文化符号学研究方法,其主要作用在于帮助我们取得对于所研究对象生活在其中的观念世界的理解,这样我们才可以在某种广泛的意义上与他们交谈。如此一来,进入一个符号活动的模式世界的需要和对于文化理论技术进步的要求之间,以及在理解的需要和分析的需要之间形成的张力,既是巨大的,也是无法摆脱的。理论越发展,张力就越大。这就是文化理论的首要前提:他不能掌握自己的命运。其次,至少在严格意义上,文化理论不作预言(predict)。这正如诊断医师不预言麻疹,只确定某人患上了麻疹,

Geertz

或至多预期（anticipate）某人很可能会迅速染上这种病。但此前提也存在局限性，它常常被误解被夸大，因为根据对它的理解，人们会认为文化阐释仅仅是事后的阐释：它如同传说中的农夫一样，先是用枪在篱笆上打一些洞，然后在这些洞的周围画靶心。Geertz（1973）承认，他所坚持的文化概念既不是多重所指的，也不是模棱两可的，而是从历史沿袭下来的、体现于象征符号中的意义模式，是由象征符号体系表达的传承概念体系，人们以此达到沟通、延存和发展他们对生活的知识和态度。从符号的角度看，文化的基本功能在于表征（representation）。符号学的核心议题涉及意义的产生、传输、理解与解释，因此符号学本质上是对意义的研究，一定程度上符号学即意义学。至此，不难发现意义是符号学与文化交结的中轴。符号学的研究意义，文化传递意义，文化不可避免地成为符号学研究的主要对象。

三、Williams 的文化理念

Williams

Williams 是英国新左派的元老之一，更是文化研究的重要奠基人之一。Arnold（1960：6）将文化描述为"世界上被思考并表达出的最好之物"，与 Arnold 的美学与精英不同的是，Williams 发展了对文化的理解，他强调的是文化作为"一整套生活方式"的日常生活文化的特点。Williams（1965：63-66）提出，作为日常意义和价值观念的文化，是社会关系一个完整表现的部分。"文化理论"是对一个整体生活方式各元素之间关系的研究。Williams（1965：66）认为："我们需要区分文化的三个层次，即使在它最普遍的定义中，有一个特定的时间和地点的生活文化，只有那些在这个时间和地点生活的人能够进入。每一种被记录的文化，从艺术到最日常的生活事实，都是这一时期的文化。此外，作为生活文化和阶段文化的连接因素,它也有选择性的传统文化。"Williams 认为文化分析的目的是探讨某一特定时间和地点记录的文化,是重组育种文化的"感知结构",或者重组共享的价值观或世界观。Williams(1981,1983)强调"文化"是作为一个与种植农作物有关的名词"出现"即"培养"(cultivation),随后"培养"的理念延伸到了包括人的思想或精神。19 世纪出现了一种偏重于人类学的文化定义,文化被理解为"一种整体的、独立的生活方式",文化的这种理解强调的是"生活体验"。他特别关注工人阶级的经验及其积极的日常文化构建。Williams(1989:4)提出:"一种文化有两个方面,已知的意义和方向:其成分都经过了实践;提出并检验了新的观察和意义。这是人类社会和人类思想的普遍过程。通过它们,我们看到了文化的性质,它总是兼有传统性和创造性。这是两个最常见最普通的公共意义和最优秀的个体意义。我们在这两种意义中使用文化意味着一整套生活方式——共同的意义,这意味着艺术和学习——发现和创造性努力的特殊过程。一些作者保留了该词一个或两个寓意,我坚持两者并强调它们之间相连接的重要性。我对我们的文化提出问题,这些问题与我们的普遍和共同的目的相关,是关于深度和个人意义的问题,文化普遍存在于每一个社会和每一个思想之中。"

抽象的"文化"一词囊括了人类行为的各种方式,可以为了不同的目的而使用。Williams(1981:64-65)认为对文化的理解应通过文化在日常生活生产的物质条件背景下表现和实践。他主张文化唯物主义,通过"所有形式意义的分析……在人们生产的实际方式和条件之中"。Williams(1983)提出文化是"英语语言中两三个最复杂的词语之一"。事实上,我们最好放弃探寻"文化是什么"这一问题,而是拷问我们谈论文化的目的以及如何谈论文化。Williams 认为文化是由饮食男女的实践行为以及意义组成。文化是生活经验,是在"一种生活整体方式"的总和中体验生活时所有人的语篇、实践和意义。

Williams(1981)表明,我们应当从以下几个方面探讨文化:
第一,艺术和文化生产的机构,例如传统手工或市场形态方面;

第二，文化生产的形式或者宗教、运动和派系方面；

第三，生产模式，包括文化生产的物质手段与其所表现出的文化形式之间的关系；

第四，文化的标识和形式，包括文化产品的特殊性，其产生和表达意义的审美目的和特殊形式；

第五，在一定时间和空间之内涉及社会秩序和社会变革的、一种意义和实践的、选择性传统的再生产；

第六，基于一种"已实现的标志体系"的"选择性传统"的组织。

Williams（1981）提出，文化是人类关系和实践的社会整体构成和表现。文化实践离中心经济关系越近，后者将越能更多地直接决定它。文化实践离核心资本主义生产过程越远，就越能够自动运作。Williams（1983：90-91）对"文化"这一概念进行了系统思考并追溯其发展历程，他对文化的现代用法进行了梳理并主张从三个方面来理解文化：一是作为艺术及艺术活动的文化，这是大写的文化，具有美学的文化传统，属于人文领域；二是作为特殊生活方式的文化，不同社会、民族、种族、时代和群体的方方面面都被囊括其中，具有人类学家与社会学家的文化传统，亦可说它是小写的文化；三是作为发展过程的文化，通常属于历史学家考察的范畴。这种可以分享的意义并非是"出世"的，等待我们去理解它们。相反，它们是重要的意指实践的产物，尤其是语言的产物。语言富有意义而又表达明了，构成了实物和社会实践。在确定的情况下，语言会构建说话者能够或者不能够理解的意义。理解文化就是在物质和机构背景中，通过语言的重要实践活动，探讨象征性地意义是如何产生的。事实上，目前越来越多的文化研究，主要关注该领域中文化作为表征的重要实践。

Williams关注积极的人类主体活动创造的意义，这一点与围绕意指系统、文化语篇、语言的关系系统为中心的文化理解完全不同，两者之间的区别标志着文化研究从"文化主义"转向"结构主义"。从很大程度上来说，结构主义是一种共时的研究，分析关注某一特定时刻的关系结构，如此一来，结构主义认同文化的特殊性，文化与其他现象的既约性，认为文化和语言是等同的，或者是从结构上来说，与语言是类似的。值得一提的是，结构主义更加关注的是语言结构，这就使语言行为而不是无尽变化中的实际行为成为可能。概而言之，Williams认为文化并非自由地漂浮于生活物质条件之外，而是作为生活经验的文化，文化主要由以下几个方面组成：普通男性和女性组成的含义，文化参与者的生活经验，在日常生活中所有人从事的文本和实践。

四、Bennett的文化理念

迄今为止，当今文化研究尤其强调文化是语言、意义和权力的交集。澳大利亚文化研究方法发展中的重要人物Bennett早在1998就提出，文化研究"定义的要素"主要有：第一，文化研究是一种跨学科领域的研究，可以选取不同领域的视角来考察文化与权力的关系。第二，文化研究与分类的所有社会实践、机构和体系紧密相关，通过它们某些特定的价值、信仰、能力、日常生活和行为方式得以反复灌输。第三，文化研究探讨的权力形式多种多样，包括性别、种族、阶级、殖民主义等等，文化研究试图探讨权力形式之间的关系、发展对文化和权力的思考模式，并在寻求变化的过程中能够被使用。第四，文化研究最主要的机构组织是高等教育机构，就此而论，文化研究与其他学科类似，而且它打造学术之外的社会与政治运动的联系，与文化机构和文化管理人员的联系。

文化研究试图扮演一种去神秘化的角色，指出文化语篇中的构建特征，以及嵌套于其中的虚假故事和意识形态，以期产生主体位置以及能够对抗从属地位的真正主体。作为一种政治理论，文化研究希望将不同的对立团体组织成一个文化政治联盟。Bennett（1992，1998）认为，大部分文化研究产生的文本政治主要存在两个问题：一是没有联系到大多数活生生的人；二是忽略了文化力量的机构规模。因此，他希望文化研究采取一种更为务实的办法，并且在文化政策的建设和执行中与文化生产共同作用。

Bennett（1998）提出批评文化研究把政治放在意义和文本的层面是不可取的，认为这是以生产和分配文化文本的机构和组织的物质政治为代价的，文化研究对权力和文化政策这些物质层面关注不够。他认为文化研究是高等教育系统中的一个政府分支，是构成社会管理和"政府的一个特殊领域"，应该辨认文化的不同领域及其管理运作，研究权力的不同伎俩以及与不同文化领域相关的政治形势。他给文化政策一个更为核心的定点，与文化的其他"治理性"组织合作，以发展政策和策略干预的方式，因为"我们不是讨论两个分离领域（批评与国家）之间的关系，而是政府两个分支之间的接合，其中每一个都深涉文化管理"（Bennett，1998：6）。Bennett 主要从治理性、文化和权力等三个角度理解文化。

1. 治理性

Bennett 认为文化是依赖于文化和自律性的一个特殊概念，来自于 Foucault 的一个诠释。Foucault（1991：102－103）认为，治理性（governmentality）代表三种事物。第一是由制度、秩序、分析、反思、计算和战术等组合而成的集合体，允许行使这种形势复杂但特殊的权力，有其目标人群作为行使知识、政治和经济的主要形式以及必要的安全技术手段和工具。第二，整个西方世界有一个漫长的历史过程，已经慢慢导向对这种权力的其他所有形式（包括主权纪律等）的超越，它可以被称为政府一方面导致了一整套政策机构的形成，另一方面则推动了一种完整复杂的知识体系的发展。第三，通过这一过程或者说通过这一过程的结果，让中世纪的司法国家在 15 世纪和 16 世纪转变为行政国家，逐渐变成"被治理化"。

治理性通常与国家相关，但是从更广泛的意义上来说，治理性最好被理解为遍及整个社会秩序的规定，或者把它放在社会"治安"之中，人口成为受官僚制度和纪律模式支配的主体。治理性是细微权力特征增长的一个方面，即权力关系是多重的，不是集中的而是分散的，这包括通过医药、教育、社会改革、人口学和犯罪学运作的管理模式，将人口分类并组织成为可以管理的团体，国家被认为是或多或少互相冲突的制度和机构的偶然集合体，当局被理解为是一个自主的"生活科技"，围绕着自己的能力进行组织并且拥有自己的行为模式。

2. 文化和权力

治理性的概念强调了社会管理的进程，它并非支持或反对个人，而是构成行为、道德能力和社会运动的自我反思模式。Bennett（1998：61）认为，文化可以从治理性方面来理解，因为"文化和权力的关系最好被理解为现代社会最典型的特征，鉴于文化领域正在逐渐被政府组织和建构"。Bennett 认为，文化涉及组织和形成社会生活和人类行为的文化科技，并且运行一部分文化科技，它是体制和组织机构机器的一部分，尤其生产出权力和知识的配置。文化不仅仅是表现和意识的问题，而且是体制实践，行政程序和空间安排的问题。他指出，文化和治理性领域是教育和博物馆。例如，他认为文化研究必须被理解为高等教育的一部分，尤其是如果认为文化研究是大学课程的一部分，就可以解决进入大学的学生没有高雅文化传统资源的问题。他认为，在文化研究出现以前，这种课程的扩展已经在学校里如火如荼进行，所以文化研究领域成为改革和监管政府部门的一种力量。

Bennett 提出 Gramscian 的修正主义文化研究，抑或"结合的政治"——明显过于散漫，Gramscian 的文化研究期待有机知识分子扮演他在智力库和社会运动政治协调中的重要角色。Bennett 认为这种设想是不可能的，这是因为文化研究的首要位置是在高等教育系统，这意味着知识分子是治理性的分支力量，他们的知识直接生成于特定群体和活动并与之结合，因此无法成为有机知识分子发挥其职能，充其量文化研究可以提供"文化分析和教育管理工作形势的发展——这可能有助于促进与有机知识分子工作相关的政治和政策议程的发展"（Bennett，1998：33）。

Bennett 提出，治理性概念是知识分子关注文化习俗和科技的特殊性，虽然他承认这些工作指向许多方面，但对他而言，有机知识分子被给予优先性的线路是"朝向当局"的，是在政府机器之内或者其工作在政府机器内进行，而不是绕过社会管理部门的形式。文化研究要回答官僚的问题："你能为我们做什么？"当然，文化研究可以有效地设想其角色："培训文化技术人员"，进行较少的文化批评和意识改变，并且更倾向于"通过技术调整手段修改文化，使之只能供政府运用"（Bennett，1992：33）。

五、Foucault 的文化理念

Foucault

Foucault 是法国哲学家和"思想系统的历史学家"。在目前文化研究中，他是最有影响力的反本质主义学家和后结构主义思想家。Foucault（1972）认为，语言是一个有着自己的规则和功能的自主系统（即结构主义符号语言学），他反对解释性或解释学的方法，设法揭露语言的隐含意义，他关注的是话语及话语影响的表面描述和分析。

Foucault 坚称语言在特定的物质和历史条件下发展并产生一定的意义，叙述被组合、被规范，形成并确定了一个知识或者对象的独特领域。这就需要一组特定的概念，划定一个具体的真理体制（即什么是真理）。他试图辨认历史条件及其决定性规则，这些是成谈论对象的规定条件方式的途径。他探讨意义的排列是如何通过社会实践中的权力运作完成的。他认为话语以一种通俗易懂的方式形成、界定并产生了认知对象，排除了难以理解的其他推理形式。Gramscian 的修正主义文化研究提出文化斗争主要发生于语言和意识形态的层面。相比之下，Foucault 则提出各种实践（偶然形成的）之间的关系秩序必然通过严密的唯物主义表达。他认为，在 Gramscian 理论中，意识形态霸权向下流动的概念，导致从属阶级试图组织普遍的斗争以对抗权力的单一来源，即反霸权的斗争。Foucault 认为，不存在单一的权力来源，权力是分散和冲突的，特定于一个文化"区域"及其相关的特殊科技。Foucault 认为，Gramscian 的传统很少关注制度、科技和机构的特殊性。相反，它集中于文本分析和某种"道德风格"的个人回报，赞美了边缘性的概念。Foucault要求一个"细节的政治"，与对于治理性科技、文化政策和文化科技进行有效分析。Foucault提出从话语实践、话语与规训、权力的生产力、话语主体等几个方面理解文化。

1. 话语实践

通过跨越多个活动场所，重复主题或概念群、知识的实践和形式群，话语提供了一个讨论特殊话题的类似方式，我们可以称之为话语构型，是一个话语模式活动，让横跨多个地点的共同目标得以出现。他们规范说话的意义或方式，通过话语构型对象和实践获得了意义。Foucault（1973）关于癫狂的话语研究包括陈述癫狂，讲述关于癫狂的知识、规定对癫狂什么是"可以说出的"或"可以想象的"规则、癫狂话语的人格化对象（即疯子），在一个特定的历史时刻，癫狂话语获得权力和真理的过程，内部机构对付癫狂的做法，关于癫狂不同话语将在以后的历史时刻出现，产生新的知识和一个新的构型的思想。

2. 话语与规训

在确定的社会和文化条件下，话语不仅能够调控什么可以说，而且还能够调控谁可以说，在什么时间、什么地点可以说，因此Foucault的大部分工作涉及权力的历史调查研究。Foucault是现代机构、实践和话语的学科特征的杰出理论家，特别是现代真理体制（也就是说什么可以看作真理），涉及权力和知识。Foucault（1977）主要集中以下三个学科的话语研究：科学（构成调查对象的主体）、划分实践（将疯子和正常人、罪犯和守法公民、

Foucault

朋友和敌人区分开来)、自我技术（个人由此将自我转化为主体）。Foucault（1977：198）提出，规训技术产生于不同的领域，包括学校、监狱、医院和精神病院。他们制造出符合所谓的"服从主体"，可以被驯服、使用、改造和完善。纪律包括通过划分实践、培训和标准化形成的这些问题的组织机构，通过效率能力和标准化的理性，在一个等级秩序中借助分类和命名来生产对象。

3. 权力的生产力

权力不仅是压制而且是能力的表现，也就是说，权力促使主体的形成。Foucault（1980：136）提出，权力能"产生力量，并使之成长，命令他们，而不是致力于妨碍他们，使之屈服或破坏他们"。Foucault（1980）认为，在权力和知识之间建立了一种相互构成的关系，因此知识和权力的制度是密不可分的。知识在权力的实践中形成并且在权力新技术的发展、完善和扩张中形成，因此产生分析性的术语，"权力或者知识"。例如，精神病学通过试图理解和控制"癫狂"的实践而出现。在这样做时，它对癫狂的形式进行分类，从而产生激烈的新形势和主体的新种类。换而言之，精神病学决定什么可以被理解为癫狂和理智，是从自然而不是文化来分类。

4. 话语主体

主体顺从话语的监管权力并借此成为自己和他人的主体。在这里，Foucault 关注的是在话语主体立场范围内形成的主观性，说话主体并非是叙述的作者或发起人，相反，主体性取决于立场的事先存在，"当个人在叙述话语时，几乎可以被任何个人填补，而且在同一系列的陈述中不同的立场，不同主体角色，只要有一个人即使同样个体，就能够轮流叙述"（Foucault，1972：94）。Foucault 提供了理解的有用工具，社会秩序方式是由权力话语组成的。他后期的研究工作转向主体如何将注意力集中到自身，破译、认识并承认自己是欲望主体的问题，也就是说一个人如何承认自身做一个自我主体，参与自我结构的实践认知和反思。这种自我产生的关注，作为一种话语实践，集中"自我关注"道德规范问题上。Foucault 认为，道德规范关注的是如何在日常生活中关注自身的实际建议，其中"他人的管理和自身的管理"形成了我们"关于引导的引导"战略的部分以及"事物的核算管理"（Foucault，1979，1984a，1984b）。

　　Foucault 认为，主体性是一种话语生产，也就是（作为口语和实践的规定方式）给说话者提供理解世界的谈话者的主体位置，这样话语也将发言者"主体化"到话语的规则和准则，主语的定位是话语意义，是产生话语意义的源头。同时，他也提出一个反本质主义的观点，认为没有普遍的反历史主观性，男性或女性不是生物决定论普遍认知结构和文化模式的结果，性别是具体历史和文化的，受到跨越时空的彻底断裂的限制，这并不意味着一个人可以简单地选择性别或者性别只是随机的选择。相反，我们通过规范话语和监管话语的权力而被性别化了。

　　Foucault（1972，1973）认为，在从一个历史时期向另一个历史时期的过渡中，社会和世界不再以同样的方式被感知、描述、分类和认识，也就是说，话语是不连续的，它的特点是理解历史性突破，即概念化和理解对象方式的变化。不同历史时期以不同的认识论或知识结构为特点，形成特定历史时期的社会实践和社会秩序。例如，他指出，在对癫狂的历史理解中有一个断裂，因此现代理性中断了所有与癫狂的对话，并寻求建立狂热和理性、清醒和癫狂之间的对立。根据这种观点，历史不能从整个历史时期的联系来解释（认为从来没有断裂，并将在已有的基础上被理解），也不应根据历史，从可以定位的起源，向预定命运的必然运动来理解。Foucault 对不连续性的强调，是他质疑其起源、目的论、连续性、整体性和统一主体的现代主题的一个方面。

六、Hall 的文化理念

　　英国学者与文化研究领头人 Hall（1997：6）提出，文化是"一串（或一群）观念、形象和实践，他们提供讨论的方式、知识形式以及与某一特定主题、社会活动或社会制度的引导"。文化研究是在一定地理和制度范围内,产生于不同的学科之中——社会学、人类学、英国文学等等。然而,这些不能被视为文化研究。文化研究没有其起源,而且指定文化研究的起源将会排除其他可能的起点,但

Hall

这并不意味着文化研究不能被命名。文化研究是由谈论事物(会对它产生观点)的一种规范方式构成的,同时,它会协调关键概念、观点以及相关的问题。除此之外,文化研究还有一个自身命名的时刻,即使命名所标志的仅仅是一个不断演变发展的智慧瞬间。Hall(1996c:439)指出:"文化,我在这里指的是实践、表征、语言和任何特定社会习俗的实际的基本范围,也是那些已扎根于并且促成了大众生活常识的矛盾形式。"

　　文化与共有的社会意义问题相关,换而言之,文化是我们了解世界的各种方式。意义不是通过单独的个体,而是通过集体生成的,因此文化的概念指的是共同的意义。Hall(1997:2)提出:"我们说两个人属于同一种文化,就是说他们大致以同样的方式阐释世界,以彼此互相理解的方式表达自己,表达他们对世界的思考和感受。因此,文化有赖于其参与者以大概类似的方式,有意义地诠释他们周围正在发生的任何事情并'解释'这个世界。"Hall(1992:275)认为,人类作为行动的概念与启蒙相关,启蒙运动涉及理智与理性构成人类进步的基础这一观点,启蒙主体"基于人作为一个完全中心的、统一的个体概念,被赋予理性、意识和行为的能力,中心由一个内在要点组成,自我的本质中心是一个人的身份"。Hall(1992)确定了概念化身份的三个不同方式:启蒙主体、社会学主体和后现代主体(1992:275)。他的这种观点被称为Descartes主体,与Descartes的著名声明"我思故我在"相结合。他将理性的、自觉的个人主体意识置于西方哲学的核心。思想被视为具有天生的理性能力,这种天赋让我们体验世界并按照世界的真实属性理解它。Hall(1996a)提出,

对"外部"话语的强调不能完全解释情感的"内在"。换而言之,话语分析并不能解释为什么特定的主体位置被某些主体而不是其他人作为情绪化投资的目标"使用"。Hall 主要从社会学主体、后现代主体、精神分析和主观主义以及霸权模式等层面阐释文化研究。

1. 社会学主体

身份并不是自行产生也不是自我内部生成的,而是与文化同时产生的,因为身份是通过文化适应的过程而形成的。这种社会化的自我,他将其称之为社会学主体。Hall(1992:275)认为,"这一主体的内在核心并非独立存在或自给自足,而是在重要的他人关系中形成的,他们调解他所居住的世界的文化价值、意义和象征的问题"。我们的第一个"重要他人"可能是家庭成员,通过表扬、惩罚、模仿和语言,我们向他们学习在社会生活中如何参与活动,因此社会学观点对这一问题的关键假设是"人是社会的产物",也就是说社会和个人彼此构成,虽然自我被构想为拥有一个内在统一的核心,使得个人的内心世界和外部社会世界之间互相作用。事实上,社会价值和作用的内在化,使得个体趋于稳定并通过连接或融合而融入社会结构之中,个人能够适合其所处的社会结构。

2. 后现代主体

从启蒙主体到社会学主体的思想运动代表了不再将人描述为确立自身的统一整体,而认为主体是由社会所形成的,这样的转变提出社会主体并非它自身的源头。由于人们占据着不同的社会地位,这是一个众所周知的真理。因为社会主体也不是一个整体,然而这一主体被视为具有"核心自我",从而能够本能地将自身协调为一个统一体。去中心的或后现代的自我,涉及转移、分散和多重身份的问题。人不是由一个而是由多种互相矛盾的身份组成的。Hall(1992:277)提出:"该主体在不同的时间会产生不同的身份,身份并不是围绕着一个连贯的自我统一起来的。我们可能会同时具有多种互相矛盾的身份,从不同的地方被引入,使我们的身份确认持续摇摆不定。如果我们认为从出生到死亡都会拥有一致的身份,那只是因为我们编造了一个令人欣慰的故事,或是关于我们自身的'自我叙述'。"

3. 精神分析和主观主义

Hall（1996a）认为,精神分析学在阐明内在身份如何与"外在"话语的规范能力联系方面具有特别重要的意义。他与许多女性主义者一起,运用精神分析连接"内在"与"外在",他强调话语主体位置得以构建的过程是通过具体的个人幻想身份和情感"投资"实现的（Henriques et al.，1984）。事实上,这一论点对于 Hall 的整个"身份"概念来说是至关重要的。Hall（1996a：5-6）提出："结合点位于两个方面之间,一方面是企图质询话语和实践,他们与我们交谈或者欢迎我们进入,作为特定话语的社会主体位置,另一方面是产生主观性的过程,它构成我们成为可以言说的主体,因此身份是主体位置的临时附着物,话语实践为我们构建了主体位置。"根据弗洛伊德的观点,自身是由自我或有意识的理性思维构成。超我,或曰社会道德或曰潜意识,是意识的象征性运作的来源和储存库,与理性相比,是一种不同的逻辑。人格的这一个观点立即割裂了统一的 Descartes 主题,它表明我们所做的和我们所认为的并非理性的完整自我,而是潜意识运作的结果,在任何直接的方式中,潜意识通常无法使用理性逻辑思维。就其定义来看,自身分为自我、超我和潜意识,因此,自身的统一叙述是随着时间的推移,通过我们进入语言和文化的象征顺序而获得,也就是说通过仿效其他人和社会话语的过程,但我们创建了一种体现出整体性幻觉的身份。在文化研究中,通过社会形态的构想,在相对自主的实践方面,接合复杂的、不均衡的决定方式,这种脱离经济简化论的尝试具有持久的意义。Hall（1977：237）提出："我们必须'设想'一个像以往一样的社会或社会形态,并且他总是由一套复杂的时间构成,每一个都有其自身的特殊性,其自身的阐述方式处于其他相关实践'不均衡'的发展之中。"这一构想意味着不必协调一致的话语因素的临时结合,可以使两个不同的因素在一定条件下形成统一的连接方式,表达/象征,连接。

我们当作一个整体（有时当作全部）的社会生活等方面（身份或民族或社会）可以被认为是意义的一个暂时稳定或随意地闭合。Hall（1996b：141）指出："术语'接合'（articulation）一词有一个很好的双重意义，因为'接合'意味着发言、说出、被连接的意思，它承载着语言的意义、表达的意义等等。但是我们也可以说一个'链接的（articulated）'货车（卡车）：一辆货车前面的（驾驶室）和后面的（拖车）可以但不一定被互相连接。这两部分是通过一种具体的、可以被打破的结合相互连接的。因此接合可以使两个不同的部分在一定条件下形成统一体，相对于所有时间而言，这是一种并非必要的、确定的、绝对的和本质的连接。你不得不问在什么情况下一种链接可以被打造或者制造。所有的话语'统一体'其实是有差异的、不同要素的结合，它们可以用不同的方式被重新连接，因为它没有本质的'归属性'。'统一体'是表达话语和社会力量之间的联系，它可以在一定的历史条件下，但不一定必须被连接。"文化研究的发展和制度化，一直与媒体研究交织在一起。Hall（1977：140）提出："电视涉及社会知识和社会形象的提供与选择建构，通过它我们了解'世界'以及他人的'真实生活'，并想象性地重建他们的和我们的生活，成为可理解的'整体世界'。"

4. 霸权模式

文化研究范围内的霸权模式十分普遍，任何特定的文化都是在一个多重意义方面建构的。在霸权模式中，新闻产生的意识形态过程并非是其所有者直接干预的结果，也不是由记者操纵的、有意识尝试的结果，相反，他们是工作人员的例行态度和工作实践的结果。Hall（1978）等认为，"权威人士"使新闻媒体将主要定义者（通常是政治家、法官、企业家和警察等等，也就是设计、制造新闻事件的官方机构）的叙述再现为新闻。在新闻的主要定义中，媒体作为次要的定义者，再现了与权力相关的霸权思想，并将其翻译成流行用语。Hall等人（1978）还认为，在构建关于"抢劫"的新闻实践中，记者再现了街头犯罪是年轻黑人男子所为的种族主义假设。记者寻求警察、政治家和法官的意见,他们不仅宣称街头犯罪在增加,而且认为我们必须对此采取措施。该解决方案以增加警力和加重判决的形式提出。新闻媒体作为尝试报道这种不断上升的犯罪率及其与年轻黑人联系的评论。当法官引用作为公众关注的犯罪的新闻报道时,这个循环变得完整。他们利用媒体的报道,支持他们和政治家曾经要求更严厉的判决,以及增加警察活动。随后,警察活动直接进入年轻黑人男性的生活领域,这是因为他们已被视为犯罪行为人,该过程的后果就是警方与年轻人的对抗加剧。

Hall(1981)假定电视编码进程是一个在意义环路中互相联系而又彼此不同时刻的衔接。这条环路中每一个时刻都有其具体的行为,这对于环路来说是极其必要的,但这又不保证下一个时刻会发生什么。虽然意义被嵌入到每个层面,但它未必在环路的下一个时刻被采用。具体而言,意义的产生并不能保证意义符合编码者的预期。这是因为电视信息作为一个具有多重强调组成部分的符号系统被建构,是多义的。总之,电视信息含有多种意义,可以用不同的方式解释。这并不是说所有的意义都是互相平等的。相反,文本将由主导意义建构产生首选意义,即文本引导我们去解读它的意义。Hall(1981)用"电视环路"的图式为例,提出了三种假定的解码模式:(1)主导——霸权的解码编码,它接受文本的首选意义。(2)对立的代码,人们了解首选的编码,但是以对立的方式拒绝它和解码。(3)观众不仅仅是文本的意义,而且还能产生新的意义。

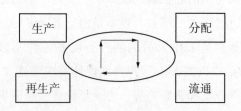

Hall(1981)的"电视节目环路"

他认为,文本可能通过引导读者进行意义方面的建构,但它无法固定意义,这是文本和读者想象力之间摇摆不定的结果。

七、结 语

文化是公共的，意义是公共的。如果你不知道什么是眨眼示意，或不知道如何眨动你的眼皮，你就不能眨眼示意（或模拟眨眼示意）；如果你不知道什么是盗羊或怎样实施盗羊，你就不会抢劫羊群（或模拟抢劫羊群）。马克思（Marx, 1961：92-93）提出，"个人之间现有的生产关系，必然要表现他们自己，而且也是政治和法律的关系"，而且"统治阶级的思想是在每一个时代占统治地位的思想，换而言之，在社会中拥有主导物质力量的阶级，同时也拥有主导的思想力量"。马克思主义认为文化是政治的。这是因为文化表达的是阶级力量的社会关系；它将社会秩序作为必然的"事实"自然化；它掩盖剥削的基本关系，因此文化是意识形态的。

本章梳理了相关流派对文化研究的主要观点，主要有人类学、社会学、哲学和历史学文化研究以及文化批评等不同的角度解读文化研究的理念。文化是一种有形的力量，与生存物质条件、社会性组织的生产挂钩。文化是指在决定性的历史条件下，社会存在所采取的形式。可以看出，文化研究否定了文化由经济力量决定的观点，相反它被理解为一种独立存在的意义和实践，有其自身的逻辑，文化从作为人文学科和社会科学的一个边缘概念，开始转向探究其自身的真正本质。

第三章 文化研究方法论

一、引 言

　　文化研究的方法论问题，无论用历史上或当代的术语来解释，都是指文化研究路径的讨论和研究，是有关怎样把文化研究付诸实践的问题。但是，鉴于文化研究自身的发展方式和其历史根源，文化研究方法论问题一直颇受争议，缺乏系统化、条理化，而是碎片于各种特定的学科语境中。直至 20 世纪 90 年代中期以降，出现了一些关于文化研究方法论的专著——如吉姆·麦奎根（Jim McGuigan）的《文化研究方法论》（*Cultural Methodologies*）（1997）、安德鲁·都铎（Andrew Tudor）的《解码文化：文化研究的理论与方法》（*Decoding Culture: Theory and Method in Cultural Studies*）（1999）、米米·华特（Mini White）和詹姆斯·斯沃其（James Schwoch）合编的《文化研究的方法问题》（*Questions of Method in Cultural Studies*）（2006）等。这些后期学者们对早期使用的研究方法有所论述，也各抒己见，从多种视角提出了不同的方法论，丰富了文化研究的路径。但是，文化研究本身的不确定性、复杂性、动态性和跨学科性的特征，为"文化研究带来了持续的方法论混乱"（Mini White & James Schwoch, 2006：71），因此，我们很有必要对当代文化研究的方法论问题进行探讨，因为只有运用正确而恰当的方法，才能对特定语境下的文化现象或社会事实进行有力的批评和高水准的研究。因此，本章试图梳理和阐释文化研究的几个主要途径，如文化批评、结构主义符号学、民族志、解释学，希望为文化研究者在方法选择上有所启迪，帮助研究者根据实际情况构建出合理的研究模式。

二、文化批评

本章所指涉的文化批评主要是从其广义上探讨的，即把文化现象当作文本进行批评。它源于20世纪30年代的法兰克福学派的"文化批判理论"或"社会批判理论"。法兰克福学派首次运用社会批评理论，对大众文化和传播进行了系统的分析和批判，"开创了文化和传播领域的跨学科批判研究方法，将媒体的政治经济学批判、文本分析、受众对于大众文化和传播的社会及意识形态接受效果的研究结合起来"（Jim McGuigan, 1997: 13），提供了一种至今仍然有用的文化模式。他们首创了"文化工业"的概念，认为大众文化是具有商品化、标准化和大众化特性的文化工业产品，包括广告、电视、流行文学、杂志、电影、广播等，它的本质是追求利润，以达到让大众投入到生产资料再生产过程的目的。大众文化通过传媒把资产阶级的价值标准和思维方式潜移默化地强加给大众，具有使现存的资本主义意识形态合法化、麻痹和奴化民众的功能，进一步促使工人阶级适应统治阶级制度的需求，融入现存资本主义社会中。法兰克福学派对大众文化和工具理性的批判为文化批评提供了一个经典范式，但是他们过于悲观的情绪、对大众文化的片面否定和对文化接受者的能动性的忽视也需要我们有清醒的认识。

说到文化批评，我们不得不提到另一个文化研究流派——伯明翰学派。伯明翰大学于1964年成立了"当代文化研究中心"（CCCS），由该大学英语系教授霍加特（Richard Hoggart）所创建。凯尔纳（Douglas Keller）认为，当代文化中心初期提出的一些权威性观点明显相似于法兰克福学派，如文本产品、生产和流通过程、大众接受分析等方面；伯明翰研究小组用于文化研究的社会理论、方法论模式及政治视角等方面与法兰克福学派是一致的，是法兰克福学派某些经典观点的再现。伯明翰学派和法兰克福学派都以社会批判理论为基础,"都聚焦于文化和意识形态的相互渗透,而且还把意识形态批评当作文化批评研究的核心"(Jim McGuigan, 1997: 17),由此来实现对资产阶级意识形态彻底的批判。随着研究领域的拓展和研究的不断深入,当代文化研究中心提出了众多不同的批评方法,使得文化批评的关注点发生了重大变化。霍加特和威廉姆斯(Raymond Williams)是这种重大转向的代表人物,他们把研究的重心从研读经典著作转移到日常生活层面上。自20世纪70年代以来,"新兴的'文化批评',挟着女性主义、少数话语、后结构或后现代主义的方法及社会关怀,对好莱坞的电影、新闻广播、电视连续剧、各种娱乐节目的各种观众、机构历史、生产技术、消费行为及其效果等均加以仔细研究,在许多方面确实远超过阿多诺(Theodor Wistuqrund Adorno)与霍克海默(M. Max Horkheimer)这些法兰克福学派早期代表的成果,同时不再与大众保持批评距离;许多亚文化团体的田野调查也应运而生,可说把重点从文化生产逐渐转到文化消费上"(转引自王晓路, 2011: 8-13)。

经过长期的发展,文化批评显然已成为文化研究的一个不可缺少的研究方法,它不仅可以帮助批评家透过文化现象或社会事实挖掘出其背后的观念支撑方式,揭示事物的本质,而且通过批评可以建立一个公共的话语空间,为被边缘化的、沉默的、被压迫的群体提供一个与主流意识形态对话的方式,有利于社会的健康和谐发展。

三、结构主义符号学

结构主义符号学从索绪尔(Ferdinand de Saussure)的语言学理论衍生而来,主要研究意义的生成机制的问题,是"研究作品和实践的一种方法"(约翰·斯道雷, 2001: 101)。索绪尔认为,语言是一个符号系统,而一个符号又是由能指(the signifier)和所指(the signified)组成。能指意为意义的载体(如声音或图像),所指则是指概念;二者之间的关系不是固定永恒的,而是任意的,是文化约定俗成的结果。

在索绪尔看来，语言的关系分为横向的组合关系和纵合的聚合关系，意义的产生离不开符号的组合和选择。由于能指和所指的任意性关系，因此意义也不是一成不变的，它受文化和历史环境的制约。事实上，"所有的文化实践都取决于符号所生成的意义，文化像语言一样运作，这使得所有的文化实践向符号学分析开放"（Chris Barker, 2000：91），所以说，索绪尔的符号学理论为结构主义符号学的产生和发展起到了关键作用。

Ferdinand de Saussure

列维-斯特劳斯（Levi-Strauss）运用索绪尔的观点对亲属关系、神话、食物及其他文化现象进行了结构主义研究，认为每一种文化和社会实践活动都类似于语言系统，都体现了一种内在结构，是言语的范例，这对扩大结构主义符号学的应用范围起到了重要作用，被后人誉为"结构主义之父"。

罗兰·巴特（Roland Barthes）是结构主义符号学的又一集大成者，他将索绪尔的符号学方法论拿来分析法国的通俗文化及日常生活，意在挖掘这些文化实践背后的含而不露的深层次内涵，其作品《神话研究》（Mythologies）就是此方面文化研究的代表作。同时，巴特在索绪尔的能指加所指等于符号的模式基础之上又增加了第二层表意系统，即第一层面的所指为第二层面的能指，巴特分别用本义和延伸义（或称神话，主要是由意识形态构成）来表述第一层和第二层表意。目前被引用最多的关于对两层表意系统理解的例子就是巴特对法国杂志 Paris Match 1955 年一期封面的诠释。封面呈现的是一名身穿法国军服的年轻黑人向法国国旗敬礼的画面，第一层表意系统的能指就是画面上的图片，所指就是"一个黑人士兵向法国国旗敬礼"，是本义，二者的结合则构成了符号，而这个符号又称为第二层表意系统延伸义的能指，引申为黑人国民对他们的压迫者的忠诚，掩盖了法帝国主义的扩张行为的真实面目。巴特就是想通过这些符号的结构性分析来揭示法帝国主义企图把扩张侵略这一行为在意识形态上自然化、合法化。诚如巴特所说，"符号学已经告诉我们，神话肩负的任务就是让历史意图披上自然的合理的外衣，并让偶然事件以永恒的画面出现"（转引自约翰·斯道雷，2001：116）。显然，巴特就是要对这些表象提出质疑，意在对资产阶级的种种"自然化"行为的批判。总之，巴特在结构主义符号学的发展史上做出了重要的贡献，尤其是他把符号语言学引入到广泛的文化现象的分析中，以及提出的所有文化文本的阐释取决于具体的社会环境的论点，使结构主义符号学发展达到了全盛时期。

虽然结构主义有其自身的缺点——比如，它注重符号与内容关系的研究而忽视其具体表达的内容，以及对文本的忽略、对主体的排斥等，这都成为后结构主义者们批判的主题。但是，"不管后来的学者如何鼓吹要超越结构主义——甚至有些学者一直在大声抗议——这个最初由索绪尔提出，随后由巴特和列维·斯特劳斯予以发扬光大的理论基础，仍然是唯一的最深刻的文化研究理论与方法论来源。如果没有结构主义，如何开展文化研究将如一头雾水，这是不可想象的"（Andrew Tudor，1999：79）。无论如何，结构主义对意义生成机制的分析和文化文本的深层次阐释都提供了一套十分有用的方法论，影响深远。

四、民族志方法

民族志源于20世纪初文化人类学家对异民族、异域的社会文化等现象的考察，被认为是人类学的一种哲学范式，一个重要标志。民族志是对人以及人的文化进行详细的、动态的、情境化描绘的一种方法，探究的是一个文化的整体性生活、态度和行为模式，它要求研究者长期与当地人生活在一起，通过自己的切身体验获得对当地人及其文化的理解（安·格雷，2009：Ⅰ-Ⅱ）。其主要是指人类学者走出书房和文档书案,通过参与观察和深度访谈的方式,深入到社区,对特定研究对象做田野调查、搜索资料、记录、深入分析和诠释。英国最早把田野调查作为自己研究方法的是埃德华·泰勒(Edward Taylor),但将其作为一种理论或范式加以系统阐述的却是马林诺夫斯基(Bronislaw Malinowski),从此,田野调查作为民族志中心要素的地位得以确立。如今,民族志方法已被广泛应用于

Bronislaw Malinouski

文化研究、政治学、社会学、民俗学、传播学等多种学科领域中。

　　民族志方法开始在文化研究中得以广泛使用并逐步成为其研究中一个重要的研究方法,这一功劳非伯明翰学派莫属。伯明翰学派的开山人物之一威廉斯认为文化是普通平常的,是特定生活方式的总和,是一种实际生活的经验。"威廉姆斯的文化概念是'人类学的',因为它以日常的含义为中心:价值观……"(Chris Barker, 2000: 60)。由此,在伯明翰学派的带领下,一股人类学转向的热潮在文化研究中被掀起,典型的例子如霍加特的《识字的用途》对北方工人阶级日常生活的民族志式的研究,巴克的《新兴族裔与都市文化》对伦敦两个区域青少年生活中的多元文化主义和种族主义的研究,等等。民族志方法后来也被运用到大众文化研究中,"在以媒介为导向的文化研究的背景中,民族志已成为一系列定性方法的代名词,包括参与观察、深度访谈和小组讨论"(Chris Barker, 2000: 26)。用民族志方法做传媒研究的经典案例之一是莫利(David Morley)对电视观众的研究——此研究分为两个阶段:在第一个阶段,莫利对英国BBC晚间新闻节目举国上下的电视观众进行了研究,通过对该节目的文本分析和民族志方法的深度访问,探讨不同的观众如何对同样的节目进行解码;在第二个阶段,他考察了伦敦南区的18户观看电视的白人家庭,在更具体的社会环境中对受众进行了参与性调查和采访。莫利了解到家庭内部性别权力的关系造成了家庭成员不同的收视体验,其研究成

果集中体现在《家庭电视：文化力量和家庭闲暇》一书中。继莫利之后，一大批基于民族志方法的受众研究纷纷面世，如洪美恩（Ien Ang）的《观看豪门恩怨》、霍布森（Dorothy Hobson）的《十字路口：电视连续剧的戏剧性》等。

作为人类学的一种理论取向，民族志方法如今在文化研究领域中已普遍使用，文化研究者通过对研究对象做田野调查，从自然的角度来观察、描述、说明、分析和阐释文化实践，为文化研究的发展起到了极大的促进作用。

五、解释学

解释学又称为"阐释学"或"诠释学"。从渊源上说，它可以追溯到古希腊时代，主要是指对经典文献和宗教文本的阐释和注释，称为"神学解释学"。这种解释局限于特定的解释对象，其方法也是零散、无系统性。德国宗教哲学家施莱尔马赫（Friedrich Schleiermacher）突破了这种局限，将之发展成为一种适用于一切文本解释的普遍方法论，使解释学实现了从局部解释学到一般解释学的转变。作为施莱尔马赫的再传弟子，狄尔泰（Wilhelm Dilthey）继承了师祖的许多解释学思想，肯定和发展了施氏的认识论意识，使解释学成为一种人文科学的认识论，同时也上升到方法论的哲学高度，把单纯的文本研究和人类文化及人类社会互动关系的研究结合起来，对解释学的发展有承上启下的作用，被誉为"解释学之父"。海德格尔（Martin Heidegger）在狄尔泰的解释学和胡塞尔（Edmund Husserl）的现象学的基础上，建立了本体论解释学，是实现方法论解释学向本体论解释学转向的奠基人。其弟子伽达默尔（Hans-Georg Gadamer）深化了海德格尔的思想，把包括一切据以解释人类生活意义的各种人类社会生活及其产物都囊括为解释学的对象，为文化哲学解释学的发展做出了重要贡献，是现代哲学解释学最具代表性的人物。

美国文化人类学家格尔兹（Clifford Geertz）深受以上哲学家的解释学思想的影响，特别是狄尔泰的解释学思想，以及其他学者——如德国社会学家马克斯·韦伯（Max Weber）的文化观念和社会解释学等的影响，提出了文化解释学的概念。"同马克斯·韦伯一样，我认为人是悬挂在他们自己编织的意义之网中的动物。在我看来，文化就是这些意义之网。而且我还认为，研究文化并非是寻求规律的实验性科学，而应是探求意义的解释性科学。我所追求的是阐释，阐释表面上神秘莫测的社会表达方式。"（Clifford Geerts，1973：5）格尔兹认为，"当今的解释学就是'对理解的理解'"（Clifford Geerts，1983：5），主张对文化现象或文化符号的意义做深度的阐释，在他者的文化中去理解他者的理解，他的《深层游戏：关于巴厘岛的斗鸡的叙述》是文化解释方法论的经典之作。

像其他研究方法一样，文化解释学也有其自身的局限性，在很大程度上受解释者自身解释能力的影响，被认为有主观甚至过度解释之嫌。但总的来说，解释学为文化研究提供了一种不可或缺的研究视角和方法论，对文化的分析和意义诠释有重要的指导作用。

六、结　语

由于文化研究的跨学科性，文化研究也必然借鉴了多个学科的方法论。除了前文提到的文化批评、结构主义、民族志和解释学四个主流的方法外，还有诸如女性主义、精神分析、意识形态分析、历史编纂学、后现代主义等众多方法，不一而足，这些方法相互依存，各有优缺点，互为补充。无论我们采取何种方法进行文化研究，我们都要把研究对象置于特定的历史语境和社会环境中，不仅要对文化文本（这里的文本指格尔兹所提倡的"文化即文本"宽泛意义，而不仅仅指大众文化产品）做深入的分析和阐释，而且同时也要对文化的生产和消费进行全方位的解构，去挖掘文化实践活动的本质。特别是在当今的后现代社会里，人们越来越看重快感、消费和个人身份的建构，而逐渐忽略对媒介和消费文化的批判。在此，笔者十分赞同道格拉斯·凯尔纳（Douglas Kellner）的文化研究模式或方法论，我们应该既不可丢掉法兰克福学派的政治经济学的观点，注重文化的生产——流通——消费——生产的完整的流程的诠释,也不可忽视伯明翰文化研究中心的对媒介文化的颠覆功能、对亚文化和积极的受众的强调,我们应该把两者的观点结合起来,从文化的生产、文本分析及大众的接受等多种维度综合性地进行文化研究。凯尔纳在《批判理论与文化研究:未能达成的接合》一文中对麦当娜和迈克尔·杰克逊两位巨星的成名之路的分析充分证明了此种方法的成效性。在大众接受的分析基础上,他主要从生产和流通(销售)的角度进行了论证,认为麦当娜和迈克尔·杰克逊"曾使用了媒体文化史上最高效的生产和销售队伍……他们理解并使用了文化产业中音乐生产和推广的手段"(Jim McGuigan,1997:34-35),并用了大量的事实举例说明。通过多维度的分析,有助于"揭开媒体文化中盲目崇拜偶像的面纱"(Jim McGuigan,1997:36),培养大众的批判意识,更好地理解文化的生产和流通。

纵观文化研究的历史,文化研究经历了一个漫长的发展和演变过程,从最初的对阶级文化的研究到现在的多视角、跨学科研究,文化研究的方法也呈现出多元化、多样化之势,但至今仍缺乏一个公认的标准作为文化研究方法的准绳。文化研究者根据自己的判断和所需采用不同的方法,难免带有很强的主观性,有可能导致方法和研究对象的牵强附会,从而违背文化研究的初衷。因此,我们认为应该整合多种研究方法,不断地构建文化研究自己的方法论体系,形成共同的方法论原则,让文化研究者有章可循,更好地揭示阶级、性别和族群差异等各种社会问题中所隐含的意识形态和权力关系,为国家的安定、世界的和谐积极构建出合理的行为导向。

第四章 文化、权力与亚文化

一、引 言

无须辩驳,文化是一个包罗万象的术语。对于文化的看法,一向是众说纷纭。在当代话语中,"文化"这一术语有着复杂的历史和使用范围,经常被大而化之地界定、诠释,着实令人目迷五色。任何界说本身都将是有争议的。文化和其他很多概念范畴一样,具有"不可言说性"(ineffability)(Ding, 2012)。

不可言说并不意味着我们保持沉默,封存文化的概念。英国人类学家泰勒(Tylor)作为"文化"定义的首推者,在《原始文化》(*Primitive Culture*)一书中指出:"文化是一个复杂的整体,它包括知识、信仰、艺术、道德、法律、风俗,以及作为社会成员的人所获取的任何其他能力与习惯。"(Tylor, 1871:1)从这个定义中可以看出,文化是极富渗透性的,既涉及思想(知识、艺术与法律),也涉及活动(风俗与习惯)。

威廉姆斯(Williams, 1976/85)对"文化"这一概念进行了系统思考并追溯了其发展历程,成为英国文化研究的开山人物。通过其对文化的现代用法进行的梳理来看,文化的阐释路径可归结为:一是作为艺术及艺术活动的文化,这是大写的文化,具有美学的文化传统;二是作为特殊生活方式的文化,不同社会、民族、种族、时期、群体的方方面面都被囊括其中,具有人类学家与社会学家的文化传统,亦可说是小写的文化(Williams,1976/85:90)。需要指出的是,小写的文化或者说作为一个社会、集体或族群的生活方式、行为、价值与信仰的文化,正是我们进行阐释的立足点。

历时地看,文化在使用中往往具有不同的内涵,文化的意义存在于过程之中。早在中世纪晚期,"培育"(cultivation)是"文化"的本义,并局限于对动物与农作物的培育;16世纪以后,这一意义不断被扩展、引申,用以指称心灵的培育,尤其是个体通过学习的方式进行修身养性,实现个人知识、智慧和理性的提升与发展,并进而实现社会的整体道德进步;19世纪中期,文化用以专指人们精神和观念的发展,有别于物质和基础结构的变化发展,到了19世纪晚期,传统的、日常的、民间的文化也融入文化整体中;发展至20世纪,"文化"跃然成为人类学的核心概念,所有非自然、非纯粹人类遗传现象都被文化囊括其中(Ding,2012)。

共时地看,特定历史时期的文化也包含不同维度。如果以价值体系、权力关系为标准,当代文化可以分为不同的格局,如可以分为主导文化与边缘文化,主导文化、亚文化与反文化;按照群体差异可以划分为精英文化、大众文化与民间文化等。

二、亚文化与反文化

文化的边界从来都是不确定的,文化、亚文化与反文化之间经常维持一种"剪不断理还乱"的密切关系。三者将边缘群体折射成一个多面的晶体。总体来讲,边缘族群所普遍拥有的意识、价值观和行为方式,抑或生活方式构成了边缘群体的文化。由于亚文化的抵抗性与边缘性,反文化也不免经常被简单地等同于亚文化。事实上,在不同的语境中,反文化与亚文化既密切关联,又相互区别。

在文化景观内,并非每一个因子都可以平分秋色。反文化与亚文化比邻而居,是相对于主流文化而存在的概念。对于"亚文化"(sub-culture)的特征,窥其英文前缀"sub"可见一斑。"sub"蕴涵着"边缘、辅助、从属"等意味。亚文化群体所秉持的观念明显不同于社会成员通常意义上所共享的价值、信仰与观念，还有可能与后者是对立的。从西方的泰迪男孩（teddy boys）、摩登派（mods）、光头党（skinheads）、嬉皮士（hippies）、披头士（beatles）、摇滚一代、迷惘一代（lost generation）、垮掉一代（beat generation）、波波族（BoBos）、NoNo族、乐活族（lohas）到当代中国的恶搞文化、山寨文化、快餐文化、宅文化、屌丝文化等，形形色色的亚文化源流交错，构筑着斑斓的织体。

诚然，亚文化在不同程度上有意识地与主流文化、核心文化保持区分，试图将自身从主流文化中划分出来，但是并非所有的亚文化都是反抗性的。如滑板、溯溪、潜水、冲浪一族等，只是为了逃离、克服日常生活之刻板单调模式所带来的束缚，并不具有反叛和对抗主流文化的性质。甚至有时亚文化也会与主流文化的一些特定方面相适应。

主流文化指社会中居于主导、核心地位，起支配性作用，为社会普遍认同的文化。在同一共生环境中，反文化处于辅助、次要、边缘的地位，它作为一种文化样态进入我们的视域，宣示着对主流文化的内核如价值观、信仰、观念等构成挑战，代表着对主流文化占盟主权的社会秩序的否定与背离。反文化被视为越界符号，往往被贴上变态、狂野、颠覆的标签，彰显出强烈的恐惧。这些彻头彻尾地与主流文化的交锋与对抗，是重度反文化的范畴。如此看来，反文化不是一个绝对的概念范畴，它可以比较"反"，可以比较"不反"。

亚文化与反文化并非泾渭分明，有时候它们共享着交集。如果亚文化中凸显出边缘族群与占支配地位的主流社会保持区分的反叛意识，那么我们可以将这种政治、文化的诉求表达称之为反文化。反文化是流动的、不稳定的场域，它与亚文化、主流文化彼此之间相互缠绕、交叉、渗透。如此说来，亚文化与反文化之间不能被简单地画等号，具有反抗性质的亚文化才属于反文化。

三、范畴化与被范畴化

物以类聚,人以名而分。青少年与青年作为践行亚文化的主体,其身份可以通过对名称的使用或者命名实践(naming practice)被社会性地建构起来。

"分类是语言与思维存在的基础,没有分类的存在,人类便无法将概念、词语与新的概念、词语联系起来,因为词语与概念只存在于分类之中"(Hodge & Kress, 1979/93: 62)。学习语言与学习现实是相伴相随的,语言为我们人类提供了关于社会的分类系统,因而对语言的分析也就是对社会系统的探究与分析。作为社会人,我们也是通过分类或者范畴化不断学习与成长的。与他人交际的过程中,人们可以通过"身份标签"(labels of identity)对彼此进行分类与识别。

通过20世纪60年代的美国青少年族群使用"hotrodders"对自己进行描述与范畴化的分析,萨科斯(Sacks, 1995)发现,如果一个小孩子在驾驶,他会被视为青少年驾驶。他通过"青少年"这个范畴被对待,与他可能被范畴化的其他类别进行着对比。最重要的问题在于,他事实上在被进行归类,因为"青少年"这个范畴是由成年人支配的。凭借此,我们被告知社会分类或者身份标签通常都是被一些相较而言处在优势地位的人强加于某些个体或者集团的,或者这些位居优势的人通过一些标签对别人做出社会评判(social judgement)。对于一个集体而言,最重要的事情在于建立一套属于自己的语言范畴,摆脱他人的术语的圈囿与界定。萨科斯研究视野下的青少年族群处于一个能拥有自己的范畴——"hotrodder"——的位置,他们不必理睬成年人所强加的"青少年"范畴的支配。

众所周知,"teen"来自于标准语,这是一个由成年的、具有一定社会权力的人支配的范畴。对于青少年,范畴的界定,由于所持标准不同,差异颇大。然而,核心的标准无外乎两条:一是对社会人群进行年龄切割;二是根据社会角色或社会文化特性进行定位。年龄是对青少年范畴进行界定的最显性、最直观的标杆。年龄如同性别一样,是显而易见的。人从出生到死亡是一个历时的、自然的过程。在中世纪,青少年的概念是看不见、摸不着的,人们衡量一个人是否属于青少年完全取决于其是否经济独立,能否独立生活。在前工业社会时期,青少年与青年别无二致,它的所指没有明确的年龄定位,十几岁到二十几岁都属于青年。至于谁是青少年或者谁不是青少年,我们的基因里并没有明确的指令,它是伴随着是工业化与现代化的进程而出炉的。当今按照生理年龄和心理年龄进行计算,青年从第二性特征的出现到精神上的困扰消失,大约处于13岁到30岁之间,而青少年大约在13至20岁之间。

年龄是被象征性地置于生物学隐喻中的一种文化建构(Spencer,1990)。一定年龄阶段的人总是被其所处的那个年龄阶段应该做什么的文化理念束缚着、牵制着、影响着、塑造着。主流语境下的"青少年"概念往往充满着很多的社会期待。通常,我们并不控制他人用以界定我们身份的范畴,以及伴随其中的文化设想(cultural assumption)。对一个亚文化青少年而言,情况却大不相同。他们拥有独特的价值体系,能够拥有自己为自己量身打造的身份标记范畴,而不是一个被别人强加的范畴"teen",这意味着亚文化青少年们为从成年人、从主流社会获取独立方式所作出的共同努力。他们的独特身份标记范畴不是为了长大成人而存在,甚至也不是为了告别童年而存在,它只为了身份标记本身、为了体会自己族群才能体验的事物与感受而存在。从某种意义上说,词汇是为了把握重要的社会文化事件与实践而被创造出来的,被用于把握和传达不同的经验感受。亚文化族群努力挣脱他人所拥有的术语对其设立的规范与界定。

四、超越年龄

青少年、青年远非年龄范畴,作为亚文化与反文化践行的主体,其行为风格具有象征意义。事实上,"反叛"与"拒绝"主要表现的是一种与年龄无关的文化行为特征。在青年心中,反叛被理解为个性的生活态度,反叛的情节是潮流风尚。弗里斯(2012:211-212)

在论文集《亚文化之后：对于当代青年文化的批评研究》后记中的一席论述将人们带入深深的反思之中。他这样论述道：

> 亚文化之前和亚文化之后的青年研究之间有一个重大的转变。在过去，青年是一个年龄范畴；而现在，它似乎并不是，或者并不必然是一个年龄范畴。……青年作为在亚文化和后亚文化话语当中被建构起来的范畴，描述种种不再受特定年龄所限的生活方式和身份认同方式。

由此可见，青年更应该是一个社会与文化的范畴，虽然其自身具有稳定的生物学基础。青年在一定的语境下，也逐渐转变为意识形态范畴与精神状态。在当代语境下，电视文化与印刷文化模糊了儿童与成人的分界，童年消逝，儿童成为成人的缩影，加之一群群"大龄"青少年、卖萌青年拒绝长大，形形色色的群体对于生活方式和身份认同方式的追求消弭了年龄的划分，或者说，特定的生活方式和身份认同方式超越了年龄。

五、话语的指示秩序

资本（capital）与利益、权势密切相关，拥有或者接近资本的人相较于无资本者往往占据着得天独厚的位置，对语言市场而言，对资本占有的多寡与程度直接决定着个体或者群体在社会事务中的话语权（Bourdieu，1991）。

在布洛马特（Blommaert，2005：75-76）看来，对特定语言形式的使用以及对特定语境的接触，作为关键性因素影响着指示秩序的运行。同一套语言变体在穿越不同层级的社会语境时，由于未必符合特定语境的指示（indexicality）、导向故而被赋予不同的社会价值和功用。在这个世界上，影响与掌控着人类生活的一股巨大力量来自于以"圈子"为单位的若干个族群。这套语言模式往往与更大的主流社会圈中的语言规范是背道而驰的，当他们置身于更大的社会语境中时，他们的语言变体显示出对社会主流规范的叛逆与背离，并且往往为主流社会所轻视、不齿。

人类的不平等有二：其一为自然或物质的不平等，其二为精神或政治的不平等（Rousseau，1967：175）。而语言的差异会作用于权力与控制的生产、建立与维护，加深第二种不平等形式的程度。标准的、主流的语言变体在诸如民族国家、正统秩序这种语境中会得到最大程度的公认，获得最多的认同并占据最大化的社会文化价值与功能，而边缘话语的境遇往往大相径庭。对这种差异的再次实践无疑会进一步强化官方或者标准语言的地位，并将边缘的语言变体推置于难以回还的劣势地位。

边缘话语在主流社会中是处于"失声"状态的。而它与标准语地位不平等的根源就在于在边缘族群内被认同的语言变体在进入不同的社会语境后遭遇了滑铁卢。边缘话语并不能够轻而易举地穿越地理空间与社会空间而实现其语义价值，它总是难以回避来自主流话语的挑战与限制。

六、二次元的建构

身份可以被客观地诠释为一个人在某个世界中所处的位置，被给予一种身份也就意味着在社会空间中谋求到了一席之地（Berger & Luckmann，1966/67：152）。亚文化族群的集结，源于一系列身份的丧失，这就促使我们深入思考"身份"所扮演的非凡角色。

物以类聚，人以群分。以圈子为单位的若干族群可以成为影响并掌控人类生活的重要力量，与其他关系相较，它们更接近本能。亚文化族群的语言篆刻着小圈子的痕迹，因为他们的话语构成了一种确立圈子联系纽带的方式。他们掌握着各种语言特征，可以对圈内成员的行为及语言模式进行把握与调控。这些圈子是充满着情感与细节的小小社会结构，对于圈子的捍卫，是他们自我释放的最好由头与途径。

归属于一个圈子，往往需要以某种渗透性方式获得一些典型性行为特征。青年的一个非常有意思的方面就是通过话语让自己在圈子内获得权力并维系权力。当他们学会如何操控其与圈内外人员的言语交往时，他们往往更能占据优势。在交往过程中，他们一般都是通过使用语言来达到目标、取得主导地位、吸引听众的。实际上，青年彼此都在检验对方的语言技巧，以期能占据上风。那些语言技巧笨拙的人要么成为边缘人，要么不得不接受在圈子内居于次等角色的命运。

边缘话语属于特定圈子使用的密语，是圈内成员进行言辞角逐的的有效途径，这些并不能说明边缘话语最重要的属性。其存在的深层在于与之密切相连的"第二生"（second life）、另类生活、另类身份（Halliday, 1978/2001: 167）。或者用现在比较流行的一个词，在于边缘话语构建起来的"二次元"世界。

所谓"二次元"世界，一般用来指动漫所建构的幻想性或理想性的世界，源于动漫迷们坚信在宇宙中的某个星球上存在着一种生物，其长相与动漫世界中生物相仿。又因为宇宙是很大的，所以他们坚信二次元世界肯定是存在的。边缘话语所建构的二次元世界，指涉在主流社会之内亚文化等边缘族群所建构的一个可以逃逸其中浸淫享受的世界。也就是韩礼德（Halliday, 1978/2001: 170）所指的实现重新社会化过程所需要的"似然社会结构"（plausibility structure）。

边缘族群恰似生活于盗梦空间，游走于现实与二次元之间。而这种二次元一直以来都是他们神往的乌托邦，他们被禁锢于城中城自我生息，既如圈养又似孤岛，在欣欣向荣的表象下掩藏的是文化反抗的现实。身份的DNA让他们的圈子成员形同一人，然而，权力的阶梯又将他们划格出三六九等。

值得注意的是，"重新社会化不是一个建构的过程，而是一个重新建构的过程"（Halliday, 1978/2001: 170）。重新社会化的实现"需要一个切实有效的似然社会结构，而这一结构充当社会转型（transformation）的实验室，借助'有意义的他者'介导（mediate）给个体"（Berger & Luckmann, 1966/67: 177）。在这种意义上讲，二次元社会与既存社会可以被理解为一个相同投射体的不同部分。二次元与既存现实共享诸多特征而不是一味地对后者进行否定。通常情况下，两者之间的界限是模糊的。一个人的二次元可能是他人的反二次元,正如彼之蜜糖,我之砒霜,一个人的美梦对他人而言可能却是一个梦魇。这和乌托邦与反乌托邦(anti-utopia)既相互对立也相互依赖的关系极为相似。亦如库玛(Kumar,1987:111)所指出的那样:"乌托邦与反乌托邦是'对照性概念'(contrast concepts),从相互差异中获取意义。但是它们的关系是非对称的(symmetrical)或者非平等的。反乌托邦由乌托邦建构,并寄生于它获取养料。……反乌托邦从乌托邦处汲取养料,然后以一种否定乌托邦的方式进行重新组装。它是乌托邦的镜像——破镜之中的扭曲意象。"

二次元可以含蓄地表达对既存社会的批评,并提供一个貌似完美的替代性社会。边缘族群建立的二次元社会并不是对既存社会的逆转(established society in reverse)。他们并没有再创造一些真实世界的碎片,而是从现实概念进行推断创作出一个整体架构,一个完整的另类结构。这也正解释了反社会的领地上并非等级消弭亦非一片混沌,反社会族群中"有意义的他者"之所以存在的合理性。

七、结　语

亚文化等边缘族群的自我述说与自我叙写,作为一种话语反叛,是一场把主体从他者的身份牢笼中释放出来的话语实践。这种语言资源并不能够轻而易举地穿越地理空间与社会空间而实现其语义价值,它总是难以回避来自主流话语的挑战与限制。找寻身份是亚文化族群建构自我的一种努力,他们需要在主流与边缘的二元关系中寻找自我、见证自我,以此来解决"我是谁/什么"的困惑。

通过新的分类系统,拒绝被范畴化,边缘族群所投射的文本,在不同程度上彰显反叛、抵抗的意义。亚文化圈子内,民主依然是个伪命题,族群成员依然需要克服同一性的迷失,寻找有意义的"他者",借助等级仪式捍卫对身份的专注以及对圈子的忠诚。边缘族群所构建的二次元世界为他们提供了一方情感的避风港与脆弱身份的庇护所。他们"角色扮演"式地与人交恶,在人生的舞台上表达着对主流陈旧桎梏的反讽。

第五章　后现代文化分析：
以建筑话语为例

> 人类没有任何一种重要的思想不被建筑艺术写在石头上。
>
> ——雨果

一、引　言

　　后现代主义的出现是20世纪最重要的文化现象之一。"后现代主义之所以难以界定，不仅因为后现代主义者之间意见不一，而且因为有后现代主义者认为后现代主义根本没有学说或者理论可言。对后现代主义进行总结本身就是跟后现代主义相对立的。理解后现代主义最好的办法是将它列出来：最典型的有关后现代主义的著作中出现的最典型的主题或者观点，后现代主义者的各类观点，以及对后现代主义者进行区分的一些问题。"（Cahoone，2003：14）这为后现代主义的研究提供了一种方法和路径。此外，尽管"经常有人主张现代和后现代之间很难划出一个界线，但这条界线在建筑领域却特别清晰"（斯蒂芬·贝斯特、道格拉斯·科尔纳，2002：178），这决定了后现代建筑话语中体现了怎样的后现代主义特征、又如何影响了后现代社会构建，对于认识后现代社会、理解后现代主义具有重要参考价值。因此，本章在上述方法框架下对后现代建筑话语涉及的上述问题进行探讨。

二、后现代主义的性质问题

尽管英国画家 John Watkins Chapman 1870 年在个人画展上倡导"后现代"油画以实现对法国印象派的超越,德国作家 Rudolf Pannwitz 1917 年在《欧洲文化危机》一书中用"后现代"一词描述了战争影响下欧洲文化社会状态,但就"后现代主义"而言,20 世纪 30 年代 Federico de Onis 在西班牙语世界里最早使用了"postmodernismo"(后现代主义)一词,以此描绘现代主义内部一股"抑制情感,极力追求细节和反讽式幽默"(佩里·安德森,2008:2)的保守逆流,这比它作为时代概念在英语世界中出现早了大约 20 年。它继而成为西班牙文学批评术语,是"现代主义"的从属性概念,属于美学范畴。

20 多年后,当 Arnold Toynbee 在英国提出"后现代时代"概念时,后现代与对民族主义的仇视和对工业主义的谨慎怀疑、转向非理性以及相对主义相连,它将否定的矛头指向了西方帝国主义,从而超越了美学范畴。同一时期,在美国的 Charles Olson 也将诗歌创作与政治革命相结合,通过文化与政治合一的视角借"后现代"表达了对未来超越资本主义的乐观和向往。在此之后,后现代主义术语作为与现代相对的标志,经由 C. Wright Mills、Irving Howe、Harry Levin、Leslie Fiedler 等人运用,直到 20 世纪 70 年代才得到发展。

1971 年,Ihab Hassan 将后现代主义总结为两种倾向:要么拒绝承认现代主义的主要特点,要么将现代主义的主要特点激进化。他追问后现代主义"仅仅是一种艺术倾向,或者同时也是一种社会现象?……如果同时也是一种社会现象的话,那么,这一现象的各个方面(心理的、哲学的、经济的、政治的)之间的关系是怎样相互关联或不相关联的"(佩里·安德森,2008:19)。随着 Robert Venturi 等人后现代建筑宣言 *Learning from Las Vegas* 的发表,除 John Barth 与 Umberto Eco 的文学、Jane Jacobs 和 James Stirling 的城市规划和建筑、波普艺术、大地艺术等作品使后现代术语通过艺术最终为公众所接受之外，1979 年 Jean Francois Lyotard 出版《后现代状况》 (*La Condition Postmoderne*)，第一次在哲学领域采纳了后现代的观念，而 Fredric Jameson 通过《后现代主义，或晚期资本主义的文化逻辑》(*Postmodernism, or, the Cultural Logic of Late Capitalism*)、《文化转向》(*The Culture Turn*)、《时间的种子》(*The Seeds of Time*) 等论著对后现代心理、经济、政治之间的关系进行了阐释。因而后现代主义不仅仅是艺术倾向，它作为社会现象，以艺术等形式作为表征与心理、哲学、经济、政治领域广泛关联，从现代主义内部内在的潮解标志发展成超越地缘政治的文化氛围。

三、Fredric Jameson 的后现代文化图景

Lyotard 认为，"后现代"表明的是一种"心理状态"，而不能将其作为在现代之后从时间上予以界定，因为从时间划分的思路仍是"经典"或"现代"式的（Lyotard，1986：209）；Foucault 也主张将"后现代"视为一种态度、一种特质、一种哲学生活；Jameson 将后现代与晚期资本主义即他所言的资本主义第三阶段关联，在表面看似时期式思路的模式下，通过文化逻辑的阐释实现了与 Lyotard、Foucault 的呼应，更将后现代置于更加广阔的社会文化空间。Jameson 通过发掘"在形式层面和内容层面无止境地发生双重运动"的美学与政治经济学的共有感性认识（Jameson，1991：265），对后现代分五个部分予以了描述，佩里·安德森称之为五个阶段。第一，将后现代性作为占有支配地位的生产方式下"跨国资本主义"历史新阶段的文化标志来考察。文化与经济同步扩张，成为第二自然。资产阶级底层社会结构发生重大变化。第二，探索新阶段的心理状况。歇斯底里成为后现代体验的一般状况，颓丧的阵发性与偶发性表现为情绪的突然低落或起伏不定，精神分裂成为引人注目的心理特征。第三，将后现代主义放入几乎所有艺术领域及其相关话语体系加以考察，将文化的探索范围扩大。第四，关注后现代主义的社会基础和地缘政治模式。晚期资本主义的阶级结构缺乏统一和一致性，而全球化世界市场

带来的资本扩张稀释了文化原料，文化水准的下降带来了后现代主义文化的"通俗化"。第五，对后现代的态度分析。Jameson 不主张从道德角度解释后现代，对它不在意识形态上拒斥而应当进行辩证的透彻研究。自此，Jameson 从 Ceorg Lukacs、Ernst Bloch、Jean-Paul Sartre、Herbert Marcuse、Louis Pierre Althusser 等那里博采众长，从局部到全面勾画社会形式整体转变，通过地缘政治美学顺利将后现代状况置于更为广阔的文化空间，不仅尽善尽美地完成了西方马克思主义的使命，更为重要的是，通过预示性反思的滚滚浪潮表达了改变世界的意志力量。

根据 Jameson 的解读，空间在理解后现代主义的范畴框架内具有首要性，因而建筑学被 Jameson 推上了晚期资本主义总体文化转变中头等重要的位置。他坚信，没有哪一门艺术能比建筑学在从简朴到豪华的各种形式中释放更为爆炸性的能量，它最能"鲜明地显示它以不同的方式归属于世界经济制度，或试图逃脱这一制度"（佩里·安德森，2008：61），在出于利润估算和声誉考虑基础上建立的各类建筑外形本身就是有形资产的标志。因而建筑学是 Jameson 透视后现代状况的中心。事实上，早在 20 世纪早期，建筑就由于在物质和意识形态上与公众及经济领域结合，通过建筑师与商界和政界的媾和而比其他任何艺术形式具有更为强大的自我指称本质，能够以更为统一的方式成功地坚持自己的目标。现代主义建筑师也认为建筑是艺术、科学和工业构成的新统一性的直观表现，它"依赖于其所处的时代"，"是其内在结构的结晶，是其形式的缓慢展开"（史蒂文·康纳，2007：105）。因而，建筑学是"一个在运动和风格要素方面比其他领域更为突出、同时又较少争议的文化实践领域"，是"考察现代主义与后现代主义关系最明显的切入点"（史蒂文·康纳，2007：105）。

四、后现代建筑话语

1. 后现代建筑话语与语境

1972 年，Robert Venturi 与 Denise Scott Brown、Steven Izenor 的 *Learning from Las Vegas* 一文借赌城拉斯维加斯意象，对现代主义进行了攻击，这标志着建筑中的后现代转向。他们指出，建筑师主要关心的不应当是"应该是什么样子"，而应当是"现在是什么样子"和"如何帮助改进"。回顾后现代主义的历史，20 世纪 50 年代 Charles Olson 在北美首提"后现代世界"时，主张把"现在"当作"后现代、后人道主义、后历史主义"加以体验，在他的诗歌里，乐观的后现代观念得到集中呈现，使"一种美学理论和一种预言性历史联系起来"（佩里·安德森，2008：12）。在同时代的英国，1954 年 Arnold Toynbee 出版的《历史研究》（*A Study of History*）第八卷中将普法战争开启的时代称为"后现代时代"，这个时代以两种发展为标志："工业工人阶级在西方的兴起，西方世界之外的一代知识分子努力掌握现代性的秘密，并用它们来反对西方"。他的定义"本质上有否定的意味"（佩里·安德森，2008：4），使"后现代"意味着文明模式的探索，后现代在审视现代的基础上指向了未来。Robert Venturi 等人摒弃"应当是什么样子"具有反理性的特征，而"现在是什么样子"和"如何帮助改进"与 Charles Olson、Arnold Toynbee 的后现代观念态度吻合，*Learning from Las Vegas* 成为建筑学领域的后现代主义宣言。在这篇宣言中，Robert Venturi 等人对拉斯维加斯的价值给予了肯定。"商业广告、赌博利益和竞争天性的道德性无可争议"，区分"个人建筑"与"众人（市场）建筑"明确界定了建筑与社会之间的新关系，"建筑学是无所不能（omnipotence）和无能为力（impotence）的冒险混合"（Koolhass, 1995: xix），后现代建筑所无能为力的是，金融资本作为"多样性中产生的抽象的强化形式"，"是一种非常杰出的建筑类型，它既是事实上的房间和大楼，又是无法消除的那些可憎的事件和过去的'梦魇般压在心头'的物质结构"（弗雷德里克·詹姆逊，2000：183）。指向金融资本的"物质结构"指明了后现代建筑对经济制度的归属，显现了后现代建筑话语构建的前提与基础，也为后现代建筑话语打上了资本主宰的后工业化社会语境的烙印。

2. 后现代建筑话语中的语义态度

语境框架的搭建与时代紧密相关。"每个时代都要求从自己的立场书写历史——参考了其自身的社会状况、思想、信仰和学识——这才使生活在其中的人们能够理解它"（Himmelfarb，1994：135）。从本体论的角度看，"世界和我们自身对我们来说有何意义、如何实现，这需要我们不断留意、持续地捍卫"（约瑟夫·纳托利，2004：247），启蒙主义精神形成的动力也就在于"让我们清楚地明白我们认为的现实与真正的现实之间的联系"（约瑟夫·纳托利，2004：293）。在建筑领域，现代主义建筑大师 Le Corbusier 曾指出"和谐……确实是人类得以与自然或许是与宇宙达到完美一致的支点"（Corbusier，1927：79）。然而"对真理的追寻是在现在的权力转移范围内进行的，并只能通过现在的权力转移所进行"（约瑟夫·纳托利，2004：280）。例如，"经金里奇修正过的美国历史和政治贬低民权的胜利、妇女运动、牟取暴利的未宣之战的声明、对环境问题的关注、联邦政府对工业的调控、工会请愿以及联邦政府对艺术、教育、能源等问题的支持，用迪士尼编造的历史取代"（约瑟夫·纳托利，2004：279）。Foucault 曾质问过"当真/假的标准由历史自身订立时，当关于历史的任何知识都取决于这种区分时，还有哪种关于历史的历史知识是可能的？"（Bayness et al.，1987：III）他认为"是'权力—知识'，是纵跨'权力—知识'和组成'权力—知识'的过程和斗争，决定了知识的形式和可能的领域"（Foucault，1979：28）。因此，"我们生活在被调解的现实中，每种现实都相信并争论说他们的现实是未被调解过的，是现实本身"（约瑟夫·纳托利，2004：293），因而就叙事而言，真相难以界定或者可能是缺失的，现实与虚拟的界限被模糊。Jean Baudrillard 说"我们无处不是生活在现实的'美学'幻象之中"（Baudrillard，1983：148），Jameson 则用"距离感消失"来描绘高技术社会中人在和人与物的关系中丧失真实感这一事实，认为这是后现代主义的基本特征。后工业社会里，自动控制、计算机、媒体、模型以及符码推动了真实与非真实之间区别的销蚀，后现代文化"由一连串不包含等级关系的意象构建"（Barker，2011：157），在这样的世界里，"价值通过象征意义的交换而决定"（Barker，2011：157），后现代主义者能做的只是"指明词语和世界的基本断裂"（约瑟夫·纳托利，2004：278）。

因此，后现代主义建筑师扩展了遵循索绪尔语言系统中符号与符号的关系和差别体现价值的原则，认为"建筑语言不是现代主义建筑师所说的那种原型或绝对形式语言；建筑的结构因素意义源于它们与其他因素所形成的对比和相似关系"（史蒂文·康纳，2007：111），同时幻象本质使语义的固定真值以及价值确定的语义系统不再受重视，建筑语言只是"一个更大的、相互交叉的语言和交际结构领域的组成部分"（史蒂文·康纳，2007：112），建筑代码的解读并非固定或者一成不变，源于人们的感受和多种语境，因而讲究互文性。现代建筑追求的几何一价式意图与表现形式绝对统一以及通过简单形式引起人们所谓的"自然"反应只能使 Le Corbusier 所言的和谐分崩离析，建筑必须保证自身被人们解读的方式才能实现和谐，因而建筑话语的构建旨在"重新形成现实和意识"（约瑟夫·纳托利，2004：273），重新构造这两者从而破除它们之间一一对应的既有关系。后现代建筑"在根本上既不是排他的，也不是还原的，而是综合性的，自由地获取对象之外全方位条件、经验和知识"；它们"远远不是追求单一的完全体验，而是努力达到一种百科全书式的境界，允许无数个接入点，允许无限量的阐释性答案"（转引自史蒂文·康纳，2007：134）。因此，根据皮尔斯基于符号意义性质差别对符号的区分，后现代建筑作为现实符号（dicent），包含了以语境与人各种互动关系为证实符号（argument）对于矛盾、差异等多样化的可能符号（rheme）意义的阐释，这种阐释因为"允许无数个接入点"而构成了混杂、多元的话语体系。

3. 后现代建筑话语意象的美学逻辑

建筑学使后现代主义与最新的空间建筑形式关联，Robert Venturi 等人对拉斯维加斯的价值予以肯定时，"众人（市场）建筑"中"市场"的直率表达显示了建筑、建筑话语中美学意义的重构。在 Jean Francois Lyotard 的《后现代状况》（*La Condition Postmoderne*）中，建筑学是"唯一没有论述的艺术领域"（佩里·安德森，2008：32），此后，Lyotard 将建筑学领域的后现代主义描述为受纳粹主义和斯大林主义庇护的退化的现实主义，是被当代资本重新利用的折中主义，它"玩世不恭"。Lyotard 这些话语里体现了他在《后现代状况》以及其后阐述美学准则的《杜尚的变压器》（*Les Transformateurs Duchamp*）等著作中将文化—美学领域与后现代性社会—经济领域结合起来并将后者美学化的思路，流露着与康德审美判断一致的将作为审美判断的崇高感与纯粹的美予以区分的态度，强调"可想象之物"（the conceivable）与"可表现之物"（the presentable）的不同。

而后现代基于对现代主义的更新而产生，与统一的真实性针锋相对。在后现代主义者这里，现代主义建筑"致力于形式和功能的纯粹化，常常忽略符号学意义上交流的原则和美"（斯蒂芬·贝斯特、道格拉斯·科尔纳，2002：180）。后现代主义者眼中的"'美'作为装饰，已不再声称与真实或与'绝对'的特定关系存在任何联系"（弗雷德里克·詹姆逊，2000：82）。在不必截然区分从真实而来的"可想象之物"与"可表现之物"的基础上，崇高感在后现代审美中不那么重要，因而不纯粹美学对纯粹美学不仅具有了优先性，又因为不再追求纯粹而扩展了异质性。"在原有现代的崇高位置上，出现了美的回归与装饰，它抛弃了被艺术所声称的对'绝对'或真理的追求，重新被定义为纯粹的快感与满足"（弗雷德里克·詹姆逊，2000：84），感观超越了理性。在这种美学逻辑之上，后现代建筑话语构建了"混合，装饰，拼凑——以迎合没有艺术趣味的大众趣味"（佩里·安德森，2008：33）的庸俗与 Lyotard 所言的"玩世不恭"

的美学形象，这也影响和决定了后现代建筑话语的风格与特征。

4. 大众化与后现代建筑话语符号风格

与 Lyotard 对建筑的忽略不同，Fredric Jameson 深受建筑学影响，建筑将他的视野引领到了文学之外几乎所有艺术领域及相关主要话语领域，帮助他对文化—美学领域与后现代性社会—经济领域结合进行分析，从而构建了自己的后现代主义思想理论体系。在 Jameson 看来，时代的变化使原创性作品缺乏，"玩笑似的或者令人惊奇的方式"之下是基于旧事物"最常见的主题创新"。他将这种从建筑进入其他所有艺术领域的对过去各种风格的"戏仿"的手法称为"拼贴"（pastiche）。"拼贴"意味着以"相抵触的方式把不同的风格并置起来"（斯蒂芬·贝斯特、道格拉斯·科尔纳，2002：197），"探索和呈现风格、形式和结构的种种矛盾性"（史蒂文·康纳，2007：112），以 Philip Johnson 设计的美国电话电报公司大楼为例。

美国电话电报公司大楼

这座大楼具有现代主义的结构，外墙采用了大面积花岗岩贴面，立面按古典式分为三段，因而沿袭了建筑传统，但它顶部却通过一个中部带有圆形缺口的三角山墙设计对传统建筑构件进行了调侃性、游戏性的变化。此外，它采用了切宾代尔式的破损三角装饰，还使传统

第五章　后现代文化分析：以建筑话语为例　55

摩天大楼式的玻璃和钢铁窗框具有带摆座钟的外形和刻度盘。这些设计有意制造了当代与古代、功能与装饰、家庭与公众差别与对立的话语效果，古典主义、现代主义、装饰主义拼贴并置的混合使大楼体现了对风格、形式、结构矛盾性的尝试和探索，使其成为后现代主义建筑代表作。

后现代建筑中被拼贴的建筑语言元素也并非它所独有，建筑师赋予它话语含义而形成风格，因此后现代建筑拼贴并置的混合特点在于"丰富多彩、充满典故、蕴含和装饰"（斯蒂芬·贝斯特、道格拉斯·科尔纳，2002：194）。同样是古典主义的运用，后现代主义"更加突出建筑师、地区的文脉与个性"（王其钧，2007：7），其建筑话语凸显文化性和多样性，因而呈现了浓厚的历史沿革性和人文主义色彩。同时，各种意象并置（juxtaposition）呈现风格之间的不相容又使建筑具有讽刺力量，这种形式的不相容需要通过激发观众强烈的"理论性自我意识"才可能被忽略（史蒂文·康纳，2007：120）。以被视为后现代建筑标志和里程碑的波特兰市政大厦为例。

波特兰市政大厦

它形似一个现代主义式方形火柴盒，但又因充满古典建筑演绎而来的构件而像一幅拼贴画——设计师 Michael Graves 对立面进行了三段式切分：基座是绿色骑楼；中段有大面积象牙色的墙面，上面开着具有古典风格的深蓝色方窗；上段以两根大柱支撑横楣的形式出现。

正立面中央是一个巨大的楔形，使人联想到古典建筑锁心石的"典故"，它又像一个大斗，将抽象、简化了的希腊神庙放在中央。在中段还镶有蓝色镜面玻璃，玻璃上有"柱子"似的棕红色竖条纹，正、侧立面中的柱子上分别还有像风斗以及飘带的装饰构件。在大厦内部还使用了古典柱、花环、附着在方倚柱上的艺术装饰派浮雕等古典主义手法。整个大厦富有变化而丰富多彩。古典主义与现代主义的并置使这座大厦看起来新鲜甚至有点怪，但方倚柱上的艺术装饰派浮雕暗含的波特兰建筑传统、柱子与花环包含的波特兰式传统式的好客、整个大厦形体的简单以及朴素的用材暗示美国公民的自豪淳朴，由此联想到美国拓荒年代的民主精神等等这些"理性意识"能引起人们对它建筑话语的多重反应和解读，正是这些充分体现了历史沿革和地区个性与文脉的特色使并置混合造成的形式不相容显得无关紧要起来。这种理性意识的激发机制在于后现代建筑师意识到"建筑是一种语言"（Jencks，1977：6），他们使用被 Jencks 称为双重编码的手法使"每一个符号在暗示上都是丰富的"，因而这些丰富的隐喻和暗示促发了多重反应和解读。

  双重代码促发理性意识的机制打通了精英式传统与世俗化体验融合的通道。正如波特兰市政大厦中精英式建筑理念与波特兰市民大众体验的结合，建筑功能让位于凸显风格，在对符号和交流的强调中，建筑语言不断变得丰富起来，甚至拓展"进入本国语之内，面对传统和大街上的商业俚语"（斯蒂芬·贝斯特、道格拉斯·科尔纳，2002：199），从而使后现代建筑成为精英式建筑理念与世俗化大众体验结合的产物，脱离了精英主义专家的特殊兴趣而具有对普通公众的吸引力，将"取代商业文化之外的一切事物，把所有高雅文化和大众文化吸收进一个单一体系"的后现代主义文化特征体现出来（Jameson，1998：135）。

5. 后现代建筑话语与多元文化构建

  后现代建筑师强调符号和交流，Robert Venturi 等人就主张把建筑看成一种交流模式，建筑语言形式和意义不再是"一价"对应。

根据哈贝马斯的观点，交流中"符号表达的有效性前提涉及的是交往共同体中主体之间共同分享的背景知识"（哈贝马斯，2004：13），参与者"背景观念或多或少存在着不同，但永远不会存在什么疑难"（哈贝马斯，2004：45）。对后现代主义而言，"'意义'的意义，是一种无限的暗示，是能指对所指的模糊指称"（Derrida，1978：25），拼贴、混合组成具有复杂、矛盾风格的后现代建筑话语，反对"一价"张扬的也是意义的最终不确定性，这使 Jencks（1977：88）所言"没有一种编码比另一种更好"的多元主义价值观成为后现代建筑交流模式中的一种预设、一种供主体共同分享的背景知识。而韦伯认为，结构分化是现代性的基本标志，这种将社会经验中的实践与价值观截然划分为不同自治领域的观点也被哈贝马斯等坚持认同。当拼贴从后现代建筑领域扩散，继而"表现在各门后现代艺术之中"，"传统上关注文化领域的话语自身经历了内爆"（佩里·安德森，2008：64），界线交叉与模糊从艺术领域扩展到人文学科和社会科学，加上哲学和观念的新变化，"各个文化领域之间的自治领域界限逐渐消失"（佩里·安德森，2008：65），后现代建筑拼贴、混合、双重代码构成的多元化后现代式话语最终促发了韦伯所言的现代性标志的消解。"我们注定要在多元化现实的关注之内体验：多元化的现实表述以及由此我们所生活的现实的多样化和从那些现实中体现出来的多元化真相"（约瑟夫·纳托利，2004：292）。混合、多元又意味着中心的去除，中心的消解使世界碎片化，与德里达的"有必要开始认为，并不存在中心，中心不能视作是以某种在场存在（present-being）呈现，中心没有一个天然的基地，它不是一个定点，而是一种功能，一种使无数'符号—意义'参与活动成为可能的非定点（nonlocus）"（Derrida，1978：280）相呼应，也与 Lyotard 对宏大叙事终结的宣告不谋而合。去中心化也稳固了大众文化与高雅文化相提并论的地位，促成的也是在艺术等领域被广泛表征的"精英文化与大众文化之间等级瓦解"的后现代"通俗化"文化氛围（Featherstone，2007：7）。

6. 后现代建筑话语中的后现代式矛盾

当混合化传播到世界各地而成为普遍，穿越历史的后现代建筑跨越国界而变得随处可见；新技术不仅可以制造同一的现代化建筑构建，也使后现代式的差异性和各种风格可以批量化生产；同时，当后现代主义建筑被作为对建筑学史进行质疑的后现代主义建筑理论代表被解读和赋予意义的时候，正如福柯的"异位"理论表达的认识的异质性对异质性存在可能性的关闭，风格与形式的混杂和不相容被纳入认识的一致性和统一性而使后现代建筑话语中又凸显出后现代主义自身批评话语中多元性、差异性与其它们自身普遍性的矛盾。Jameson 在"提议对后现代建筑的限制因素进行结构分析"时（Jameson，1994：xiv），也意识到了后现代多元论说服力的问题。因此，在后现代建筑话语主导的话语层面上，后现代主义被定位成一种寻求诊断结果的叙事过程，而不是"纯粹对现代主义及其后继者之间关系的超脱诊断"本身（史蒂文·康纳，2007：120）。这种悖论恰恰揭示了后现代主义理论面临的问题："怎样以不限制和抵消多元性的方式谈及并实现多元性"（史蒂文·康纳，2007：122）。

五、结　语

体现了商界与政界媾和的后现代建筑通过拼贴、混合构成的复杂、矛盾话语引发、构建了以多元价值观为基础的去中心化的后现代社会。尽管后现代主义本身排斥理论性的总结，但建筑作为"对理论性依赖最小"的文化实践领域（史蒂文·康纳，2007：86），不仅通过后现代建筑话语仍然清晰而肯定地界定了后现代主义独特叙事，而且还显示了后现代主义指向真正多元的反身性前瞻。

第六章 视觉文化

眼睛就是身上的灯，你的眼睛若明亮，全身就光明。

——马太福音 6：22

一、引　言

我们生活在一个视觉的世界。人类文明从诞生之日起就充斥着各种各样的视觉因素，从古老的阴山岩画到 IMAX 3D 影院，图像的形式、载体与传播方式发生了翻天覆地、日新月异的变化。在图像爆炸的当代，我们早已对图像习以为常，视若无睹。不加注意的话，这些图像稍纵即逝，但如果进一步去探询，这一切并非没有意义，正所谓"一花一世界，一叶一如来"。有人想当然地认为，在这个日益增长的视觉世界里，我们的视觉修养是很高的，可实际并非如此。我们都是视觉文本的观看者，但我们的观看只是一种习惯而不是一种分析。我们通常自以为是，被动接受视觉图像和视觉文本，而非一种主动的辨析，这导致我们看不到图像背后的许多东西。与简单的"看"相反，我们需要更加主动地思考我们是如何观看以及我们是否需要以不同的方式进行观看。正如 Richard Howels（2014：8）所说，"具有视觉修养不是一件奢侈品，而是一件必需品"。进入图像世界，我们需要带上结构性的知识、方法以及明确的自我意识。本章首先介绍了各个不同文化种族对于"看"这一行为的反思，即试图阐明"视线"编织着人类社会错综复杂的关系网，折射出饱含深意的价值。接下来综述了视觉文化这一概念和各个理论流派,并梳理了视觉文化的"自然史",即视觉媒介的历史发展演变进程。事实上,视觉文化随着技术的进步而不断演变,视觉理论也随之进阶(本章选取了美术、摄影、电影/电视和新媒体作为几个代表性的阶段进行梳理)。最后一个不争的事实顺理成章地呈现在人们眼前,我们已经进入了一个视觉消费的社会,在纷繁的视觉海洋中,"眼球"即经济,视觉无情地倾轧着文字,我们成为视觉的奴隶,我们的生活进入了"日常审美化"的新常态。

二、关于"看"的一些思考

在《现代汉语词典》中,"看"这个动词被解释为"使视线接触人或物"。从这一简单的定义中我们可以得知,看乃是一种关系,是一个人的视线接触到另一个人或事物。眼睛作为造化的产物,天生是用来观看的。但人的视觉不仅意味着看见,而且包含了对所见之物的理解,还包含了对看的行为本身的理解。在纷繁的人类社会中,在特定的情景中,看、想看什么和看到什么均不是一个自然行为,而是有着复杂内容的社会行为。我们的文化总是以各种方式影响着我们看的行为和所见的事物。John Fiske(2001:38)说:"看制造意义,它因此成了一种进入社会关系的方式,一种将自己嵌入总的社会秩序的手段,一种控制个人眼下的个别社会关系的手段。"这就是说,看就是我与他者或世界的一种经验关系或存在关系,一种主体与对象世界的关系。但它绝不是一种单纯的自然关系,而是有着复杂意义的社会—文化关系。简单的看蕴含着并不简单的社会—文化意蕴。

让我们设想一个英国国家画廊的情境,那里有许多不同的眼光交互作用,它们构成了一个含义复杂的"视觉场"。同样的事物投射在不同的人眼里,可能因其年龄、种族、性别、教育背景等的差异,在其心灵中折射出完全迥异的幻影。艺术爱好者可能因为看到某幅向往已久的真迹而激动万分,专业画家可能研究画作的布局与绘画技巧,画商掮客可能关心某幅画作在市场上的价值,艺术品鉴定者可能关注一幅画的真伪，女权主义者可能看出了某些人物肖像画中所隐含的视觉暴力和性别不平等，会展工作者可能注意场馆的布置或者是画作摆放的顺序，室内设计师可能考量画廊的装修装饰风格。或许还有窃贼，他们盘算着如何能盗取某幅名画。警卫在人群中注视着观众的一举一动，以防止某种潜在的危险。仅此一个具体的视觉情境，足以说明"看"这一貌似简单的行为背后复杂的视觉文化意义。

心理学的研究表明，视觉是人了解世界的主要通道，我们所认知的绝大多数信息是通过视觉获得的。可以肯定，远在发明语言文字之前，人类早就熟练地应用视觉来把握世界了。在各个民族的文化中，关于视觉的记载、

纵目面具

表述与思考丰富庞杂，足以说明其重要性。中国三星堆出土的纵目面具那突出的双眼象征着远古文明对视觉能力的图腾式崇拜；中国古典哲学也对图像和文字的关系有过辩证的思考，认为"得意而忘象，得象而忘言"，强调以意为本，三者的关系中，象比言更接近意或者更完满地表达意。这就是说，图像往往比语言更传神。而在西方文明中也有大量关于眼睛的雕像，在希腊时期，视觉的重要性更被提升至一个理论的高度。Heraclitus 说眼睛是比耳朵更精确的证人。Plato 在《理想国》中意味深长地说到"洞穴"的寓言，将黑暗和光明做对比，解释了西方人渴望追求光明的理性过程。所以在希腊语中，"我知道"就是"我看见"。John Berger 认为人类之所以要发明图像，一个基本的动机就在于"形象最初被制作出来是为了以魔法召唤不在场的事物的出现。形象可以使它所表现的事物长久地存在，这一点渐渐变得显而易见了；后来，形象揭示了某物或某人是如何被看到和观看的——于是，这就意味着某个主体曾经如何被其他人观看。再后来，形象制作者的特殊视觉也被认为是记录的一部分。形象成为 X 如何看 Y 的记录"（Berger，1972：10）。由此可见，形象作为对我们

所见或所想象之物的表征，最初是用于巫术目的，后来则有记录的功能，再往后，形象不仅记录了物象，而且记录了特定时期人们看它的方式。人类文化所创造图像的历史，就是人类视觉及其观念发展的历史。

三、视觉文化的概念和理论

有趣的是，尽管视觉因素存在已久，视觉文化这一概念却是直到 20 世纪初才由匈牙利电影理论家 Béla Balazs 明确提出。他于 1913 年在《电影美学》一书中指出，自印刷术发明以来，视觉的作用在日常生活中开始衰落了，许多意义的传达可以通过印刷符号来进行，而不再通过面部表情来传达。于是，"可见的思想就这样变成了可理解的思想，视觉的文化变成了概念的文化"（Balazs，1979：28）。但是，电影的诞生使人重新关注视觉性，使人类文化重新回到了视觉文化；印刷文化所代表的那种语言符号占据优势的文化，让位于以形体面部表情等形象占据中心的视觉文化。需要注意的是，Balazs 的"视觉文化"概念是以电影为代表的，是和"概念文化"（亦即语言为核心的印刷文化）相对的。

德国思想家 Walter Benjamin 有力地推动了视觉文化研究，在《讲故事的人》与《机械复制时代的艺术作品》中，Benjamin 讲述了三种文化形态：一种是"说故事"类的古老的口传文化，一种是以小说和新闻为代表的印刷文化（也是一种机械复制的文化），第三种则是以电影为代表的"机械复制"文化。他的讨论集中在电影等可复制艺术形式上，并且认为，机械复制时代是人类文明的一次巨大变革，"技术复制能把原作的摹本带到原作本身无法达到的境界"（Benjamin，1993：7），这将导致传统艺术"灵韵"（aura）的衰落或丧失，也就是艺术作品独一无二的意味的衰落或丧失。但这并不是什么坏事，从某种程度上来看，机械复制解放了艺术品，为更多人的欣赏提供了可能，艺术与大众的关系也随之改变，艺术的民主化成为可能。传统的审美静观已经衰退，取而代之的是一种"震惊"效果。

两年之后，Martin Heidegger 提出了"世界图像时代"概念，他指出："从本质上看来，世界图像并非意指一副关于世界的图像，而是指世界被把握为图像了。……世界图像并非从一个以前的中世纪的世界图像演变为一个现代的世界图像；毋宁说，根本上世界成为图像，这样一回事情标志着现代之本质。"(Heidegger，1996：899) 到了20世纪50年代，加拿大学者 Marshall McLuhan 从传播学角度进一步探讨了视觉文化问题。McLuhan 从媒介和传播方式的变革角度论证了电子媒介文化的到来，这种文化将视觉和听觉文化整合起来，对受众的效果超过了以往任何一种媒介，尤其是电视的出现。60年代，法国理论家 Guy Debord 提出"景象社会"（the society of spectacle）的理论。Debord 认为，当代社会的商品的生产、流通和消费已经呈现为对景象的生产、流通和消费。景象社会的基本特征就体现为商品变成了形象，或者说形象即商品；形象成了人们社会关系的新的中介。而此后的 Jean Baudrillard 通过对现代电子媒介的考察，指出我们已经跃入一个"虚拟影像"的时代，拟真代替了模仿和复制，仿像占据了我们的日常生活，假的比真的更真实，成为超现实（superreality）。

必须认识到，视觉文化这一概念的含义极其丰富，同时它的使用又是充满歧义的。在《视觉文化的转向》一书中，周宪（2008：18）对视觉文化做了比较全面和公允的概括，将其定义为"以视觉为主导的当代文化现实"，这与美国学者 James Herbert 的定义异曲同工，"所有具有显著视觉特征的人类的产品"（Dikovitskaya，2002：4）。美国学者 Mitchell 认为，视觉文化研究带有明显的跨学科甚至是去学科性质，主要关心的是视觉经验的社会建构。应该注意的是，视觉文化所研究的并不是，或不仅仅是视觉所及的客观对象，而是人们看或被看的行为，或曰"视觉性"。Mieke Bal（2005：136-137）指出："视觉性不是对传统对象的性质的定义，而是看的实践在构成对象领域的任何对象中的投入：对象的历史性，对象的社会基础，对象对于其视觉分析的开放性。视觉性是展示看的行为的可能性，而不是被看的对象的物质性。"

四、视觉文化的"自然史"

对视觉文化的深入了解可以从梳理视觉文化的"自然史"——即视觉媒介的历史发展演变进程——开始。

1. 美术

绘画是人类记录所见之物最初所采用的手段，拥有悠久的历史。传统的视觉理论假定，人的眼睛像是一面镜子，视线所及便记录下或反射了所看到的影像。而长久以来，美术理论也将模仿说和再现说奉为圭臬，事实却并非如此。为什么同一处风景，不同的画家会画出不同的景致？历史上，不同时期的个体画家，为什么呈现出迥异的绘画风格？如果人们都逼真地描画与绘画，他们所有的作品不应当相似吗？毕竟，现实是保持不变的。美术理论家 E. H. Gombrich 著名的视觉"图式说"可以很好地解释这一现象。Gombrich 认为，美术中现实的幻象事实上是通过一系列习得的传统手法和艺术技巧进行表达的，而非对自然世界本身的真实再现。与其说画家是看到什么画什么，不如说他总是在大千世界寻找他想要画的那些图形或图像。这一观点解释了不同时期的不同画家以各种不同的方式描述了相同的视觉现实。他曾具体分析了中国画家蒋彝和英国无名氏画家对英国温特湖景象描绘的巨大差异，他认为这是不同的图式系统功能使然。他写道：

> 我们可以看到比较固定的中国传统词汇是怎样像筛子一样只允许已有的图式的那些特征进入画面。艺术家会被允许用他的惯用手法去描绘的那些母题所吸引。他审视风景时，那些能够成功地跟他业已掌握的图式相匹配的景象就会跃然而出，成为注意的中心。风格跟手段一样，也创造了一种心理定向，使得艺术家在四周的景色中寻找一些他能够描绘的方面。绘画是一种活动，所以艺术家的倾向是看他要画的东

西，而不是画他看到的东西。（Gombrich，1987：108）

这一表述充分证明，画家的眼光是探索性和发现性的，绝不是被动的镜子般的反射，而是主动的投射和寻找。所以他的结论是，画家不是从他的视觉印象入手，而是从他的观念或概念入手。所有的绘画作品，事实上，"都归功于其他的绘画作品而不是直接的观察"。这与 Roger Fry（1937：23）的观点不谋而合："如果模仿是绘画艺术的唯一目的，那么这类作品就更像珍品或者是设计精巧的玩具，这是令人吃惊的。"美术中有很多比模仿更重要的元素。画家不仅用自己的眼光拣选入画的素材，用习得的技艺描绘世界，更能对公众的眼光产生启发引领和教育的作用。达·芬奇认为，艺术就是"教导人们学会看"。恰如 Ernst Cassirer 所言，艺术家总是让观众学会从他的视角来观看世界。正是在这个意义上，Claude Monet 教会人们欣赏日式的庭院和睡莲，而徐悲鸿教导人们学会看马。这个"教导"实际上就是把画家自己的图式潜移默化地传递给一般公众。

岩间圣母

而不同的公众受其文化的影响，对绘画作品的理解能力和理解方式亦产生差异。外国人无法参透中国画中"计白当黑"的玄妙，无法看到留白中往复上下的灵气，因为西洋传统的油画填没画底，不留空白。而达·芬奇的名作《岩间圣母》在不熟悉基督教典故的观众眼中只是一位慈祥的女性和两个可爱的婴孩，断然无法产生如 Dan Brown 在其悬疑小说《达·芬奇密码》中那匪夷所思惊世骇俗的推论。这样我们便又回到了 John Berger（1972：8）的一个结论性的看法："我们观看事物的方式受到我们所知或我们所信仰之物的影响。"

2. 摄影

值得注意的是，E. H. Gombrich 认为美术是现实的幻象，这一理论本质上汲取并适用于大约到 1900 年的西方美术。随着后期印象派的出现，画家们不再对现实的幻象感兴趣。这应部分归功于 1839 年照相术的发明。在此之前，绘画对现实一直是模仿和再现的关系，画家承载着再现世界的中介环节的功能。而摄影将古典时代以来的模仿再现原则及其技巧彻底祛魅了。只需一按快门，每刻都能制造出十分逼真的图像，于是，写实模仿不再是一个神秘而又难以把握的技巧。在摄影这一巨大冲击面前，我们看到现代主义艺术家迫不得已另辟蹊径，走上了一条完全不同于摄影的反模仿、反写实的抽象主义路径。

摄影天生就是模仿的工具。然而与绘画不同，它不需要图式，因为它自身作为媒介的特殊性确保了它能真实地再现现实。但由于摄影能轻易地、机械地、精确地再现现实，人们对摄影是否能够被看作是一门艺术产生了分歧。以英国哲学家 Roger Scruton 为代表的理论家认为，摄影太过容易了，缺乏技巧的行业门槛。有人甚至半开玩笑地说：拥有一架全自动化的摄影机，即使是一只训练有素的长臂猿也能拍出完美的效果。而且摄影仅仅是复制外部世界已经存在的东西，因此摄影并不能超越它的题材，只有在它拍摄的是美

叙利亚难民

丽的事物时它才是美丽的。Roger Scruton（1998：114）指出："如果有人觉得一张照片很美，那是因为他觉得照片的取材上有优美的地方。而另一方面，一幅画描绘的即使是丑陋的事物，它却也可以是美的。"

这一观点并未获得大部分摄影爱好者和理论家的认可，他们持与以上截然不同的观点。首先，大千世界的客观景象不胜枚举，拍摄什么，不拍摄什么，本身就是一个选择。同样是战地题材的摄影，有人会拍摄战胜方士兵的欢呼，有人会记录伤亡士兵的惨状以体现战争的残酷，也有人会关注无辜的难民，呼吁国际社会的援助。这就取决于摄影师的态度和视角。

其次，摄影本身虽是一件相对容易的事，但要拍出一张构图合理、曝光适度、内涵深刻的作品，摄影师必须进行大量技术上和创意上的调整。摄影决不完全是景物本身，而是对现实的解读、重构与升华。正如美国公共知识分子的领袖人物之一 Susan Sontag（1989：6）曾在《论摄影》（*On Photography*）中谈到的："照片正和绘画作品一样，是对这个世界的解释。"在这个意义上，农业服务机构的"极富天赋的"摄影师们"可以拍摄许多他们需要的关于佃农的正面相片，直到相片正好呈现出他们想要的效果——用人物脸上精确的表情来阐述他们自己对于贫穷、见解、尊严、剥削和几何学的看法。"（Sontag，1989：7）无独有偶，摄影历史学家 Mike Weaver 也曾把摄影比作建立在真实故事基础上的小说，认为摄影是现实世界与幻想世界、现实与想象的交会，并且交织着彼此的特点。

从技术上来讲，摄影带来了以下几个方面的深刻变化。

第一，摄影简化了记录客观现实所需的技能。在过去，传统绘画需要艺术家的天分和数年的艰苦训练；而现在，照相机的简便操作能拍出比画作更逼真的照片。这不仅是视觉技术的进步，也带来了观念的变革。古典时代，一张画的好坏取决于是否与被画者/物相像，因为模仿作为美学的基本原则强调的是模仿物与被模仿物之间的相似性。但随着照片的出现，像不像已经不是一个需要过多考虑的问题，被拍摄对象的重要性逐渐让位于相片图像本身。正如 Ludwig Andreas

Feuerbach（1989：16）所说："符号比符号所表示的事物更重要，再现（表征）比现实更重要，这就是照相带来的观念变革。"

第二，摄影的发明使得机械复制成为可能。"人们可以用一张照相底片复制大量相片，而要鉴别其中哪张是'真品'则是毫无意义的。"（Benjamin，1993：12）就像印刷术带来文字和大众教育的飞跃性革命一样，Marshall McLuhan 坚信摄影乃是从"印刷人时代"走向"图像人时代"的第一步。John Berger 也认为，摄影使复制成为可能，于是，原作独一无二的地位动摇了。以原作为权威和中心的文化遭到了解构，取而代之的是机械复制的新秩序。

第三，摄影教会了人们如何去看。曾几何时，发现美的眼睛专属于画家和雕塑家，他们能更敏感地观察和捕捉客观世界的美，肩负着教导和引领大众审美的重任，而普罗大众对生活世界的观察则是迟钝的、经验的和粗糙的。可是照相机的发明令人们欣喜地发现，他们也可以按照自己的想法和角度来审视这个世界，并且创造出属于自己的独一无二的作品。摄影于是成为技术门槛最低、参与度最高的艺术创作形式。正如广告所言，一机在手，人人都是艺术家。

3. 电影/电视

作为动态的视觉艺术，电影在 19 世纪末诞生。法国人认为是卢米埃兄弟（Auguste Lumière 和 Louis Lumière）于 1895 年 12 月在巴黎发明了电影，而美国人则认为是托马斯·爱迪生（Tomas Edison）在 4 个月后的纽约发明的。原创之争不在本书的讨论范围之内，但他们采用的技术是相同的：一系列连贯的、有细微差别的静止图片，以足够快的速度快速连续播映（目前技术的标准是每秒 24 格），人眼接受时，它就是一副动态画面。正是由于电影的出现，Balazs 宣称视觉文化的形成与到来。20 世纪 50 年代，电视的发明及其普及化将电影中移动的图片引入家庭。电视和电影在视觉表现方式和技术上有诸多相似之处，不在此分而述之，但电视由于其高度普及性和收视的便捷性，成为最具穿透力的大众传媒，也是当下最流行的视觉文本之一，是流行文化的重要组成部分。

首先，作为叙事媒体，电影拥有话语文化（史诗/小说）无可比拟的优势，视觉文化的霸权也借此进一步扩张。阅读时，读者与作品保持着一定的距离，虽然可以想象作品中描述的场景与情节，但通常是站在旁观者的角度，经历着类似 Ralph Waldo Emerson 所说的"透明的眼球"（transparent eyeball）的体验，很少有读者会把自己设想为故事情节的参与者。然而，看电影的时候，我们参与到电影的幻象中，我们被吸收到荧屏世界，而不再仅仅在外部观看。因为电影技术的惯用手法就是要让机位视角等同于观众视角：我们看见摄影机看见的，以至摄影机变成我们，我们变成摄影机。最新的 3D 电影技术更是增加了电影与观众的互动性，给观众以身临其境的真实幻象。观看电影时，我们成为一个参与者而不是旁观者。其次，阅读时读者的想象是信马由缰、无拘无束的，每个人的想象依个人的经历、文化背景、种族、审美而异。阅读 Ian Fleming 的 007 系列小说后，一千个人心中会有一千个不同的詹姆斯·邦德（James Bond），但看完电影《007：大战皇家赌场》（Casino Royale）后，听到 James Bond，观众脑海里浮现的必然是其扮演者 Daniel Craig 的形象。从某种程度上说，电影压缩了想象的空间。再次，阅读属于传统的接受方式，用传统的美学术语来说，就是"静观"，它可以反反复复来来回回地体验回味。可是，电影改变了这种观赏方式，电影是一往无前的，它不允许停顿歇息或是往复流连，我们只能紧跟着电影的节奏和情节，所以，看电影是一种"震惊式"的体验。就如 Walter Benjamin（1993：18）所说："就像一颗子弹击中观赏者那样。"社会学家 Daniel Bell（1989：31）把这称为"距离的消蚀"现象，"其目的是为了获得即刻反应、冲撞效果、同步感和煽动性。审美距离一旦消蚀，思考回味也没了余地，观众在投入经验的覆盖下，心理距离消失后，充满本能冲动的梦境与幻觉的'本原过程'便得到了重视。"

就算与静止的照片相比，电影/电视也带来巨大的观赏差异，Sontag（1989：28-29）曾经分析过照片与电视的区别："照片比移动的形象更具纪念意义，因为它们乃是一小段时光，而非流逝的时间。电视是一连串不充分的形象，每个形象都会抵消其前在的形象。"

每张静止的照片则变成了一件纤巧物品特定的一刻,人们可以持有它并一再观赏。"照片虽然定格岁月并让人反复观看,却缺乏电影/电视的动感和视觉吸引力,显而易见,运动的形象比静止的图像更具诱惑力。静观是语言中心文化的观赏方式,而图像中心文化则更趋向于动态观赏,即"震惊"效果的追逐。

那么,电影是如何使得观众摆脱了时间和空间的禁锢,从现实世界中自由解脱出来的呢?从某种角度来说,电影的发展,为我们提供了越来越多观看世界的方法。下面以《蜘蛛侠1》(*Spider-Man*)为例,来具体展示电影的惯用语法。

时间的压缩与拉伸:这部电影讲述了 Perter Parker 普通高中生因被蜘蛛叮咬,基因发生变异,从而拥有超能力,并成长为肩负重任、保护市民的蜘蛛侠,打败绿魔怪的故事。这一故事从 Perter 高中到工作,时间跨度长达数年,可是电影却只用了不到两个小时的时间。电影通过"省略式剪接"(elliptical editing),大量的实时情节在镜头之间削减(在现实中,也许从没有被拍摄到),

蜘蛛侠

通过剪辑后呈现在观众面前,而观众通过叙事和电影的传统就能领会这些。所以,电影中的人物通常用相当少的时间完成在现实中需要长时间完成的事情,时间像手风琴一样被压缩起来。电影中,平淡的生活会被掐掉,只有重要的桥段才会被显示,高潮的部分更需要浓墨重彩地渲染。这就涉及时间的拉伸。在《蜘蛛侠1》的高潮部分,即蜘蛛侠与绿魔怪决战一场中,满载儿童的缆车和女主角被从桥上抛下,实际坠落的过程只需要数秒的时间,可是电影中却远远超出实际时间。导演在儿童、女主角、蜘蛛侠、绿魔怪和围观群众之间来回切换镜头,还包括一些慢镜头的使用,大大拉长了电影的时间,而情节的不断切换,也让观众紧张得几乎从座位上站起来,从而进入了自然现实（natural physics）不能提供的电影现实（cinematic reality）。

空间的切换：时间和空间的切换通常是相辅相成的。在蜘蛛侠刚出现的时候，导演用了 1 分 25 秒呈现了 3 个他见义勇为的场景和 9 个对群众的采访，以此来表现人们对蜘蛛侠褒贬不一的态度。这 12 个镜头不仅压缩了时间，更是频繁的空间的切换。这一电影手法被称为"平行剪接"（parallel editing）。"平行剪接"技术还能使电影叙述同一时间发生在不同地点的事情，从而产生悬疑紧张的效果。例如，在一段蜘蛛侠抢救火中婴儿的场景中，镜头就在着火的建筑、紧张的母亲和消防员、飞速赶来的蜘蛛侠，以及着火建筑内部 4 个镜头中来回切换；而在现实中，我们是不可能同时看到这 4 个不同空间所发生的情景的。

全知全能视角：电影还能提供远超人类肉眼的视角体验。我们不仅能在电影开场中看到 Perter 被咬后血液和基因组发生改变的微观景象，还能俯瞰整个城市，看到 Perter 在高耸林立的建筑之上跳跃翻腾，抑或和 Perter 的视角合而为一，体验从高空俯冲而下的快感。以上种种，都给予观众一种仿佛上帝的即视感和错觉，至少在观赏电影时，会认为自己全知全能。

值得注意的是，这部拍摄于 2002 年的《蜘蛛侠 1》，故事情节基本遵循原著，叙事性较强，"能力越大责任越大"（With great power, comes great responsibility）的主题也很分明。但其后的续集，随着数字技术的发展，越加凸显视觉效果，特效更加逼真，比重也更大，叙事性逐渐退化为一个次要的功能性结构因素。当叙事的要求或者逻辑被边缘化为外在的、可有可无的因素时，电影靠着非同一般的具有强烈视觉吸引力的影像和画面吸引观众，这一类电影被称为"奇观电影"，它已经占据了几乎所有的电影样式或类型，成为当代电影的"主因"（Scott Lash，1990：191），这与新的数字技术和新媒体的崛起密不可分。

4. 新媒体：电脑/互联网

"新媒体"是当下一个时髦却充满争议的词语。科技发展日新月异，新技术和应用不断涌现，令人目不暇接，新媒体是一个活跃、动态的概念，目前尚无定论。为方便探讨，本章将新媒体限定于电脑和互联网之下。

对于新媒体，目前有两种较为极端的观点：一种观点认为，我们正在经历的是一个快速"变革"的时代，而不是一个彻底扫除过去的"革命"的时代。"新媒介"仅仅意味着新的传输系统。它并不是一种新的传播形式，而对消费者来说，只是一个日益便捷的硬件系统。它传送的还是相同的文本，没有改变任何内容、意义或者信息本身。无论是在电影院、电视上还是个人电脑上看电影，观众的视觉体验虽然有了更多的灵活性，但电影本身并没有变化。

而另一种观点宣称这是一场媒体"革命"，它导致视觉观念和经验的深刻转变。电脑和互联网对我们生活中的视觉体验的影响是显而易见的。首先，数字技术的出现，为图像制作和合成提供了新的路径，极大地方便了图像的生产、传播、接受和储存，使得图像资源极大地丰富起来。互联网能提供取之不尽、用之不竭的海量图像，而且获取这些图像的代价低廉，途径便捷。其次，数字技术催生了"仿像"的出现。"仿像"是由法国哲学家 Baudrillard 提出的概念，他认为符号与现实的关系发生了改变。传统图像时代，符号模仿与再现现实；机械复制时代，符号重在模拟与生产，而现在"符号不再表征现实，甚至与现实无关，它们依循自身的逻辑来表征，符号交换是为了符号自身"（Baudrillard，1988：170）。仿像就是没有原本的可以无限复制的形象，它没有再现性符号的特定所指，纯然是一个自我指涉符号的自足世界，比如游戏中的虚拟人物，电影《盗梦空间》（Inception）特效中的梦境。仿像的出现颠覆性地改变了我们生活的世界，因为"假的比真的更真实"。人们在充斥着虚拟形象与符号的世界里生活，往往已经混淆了真实与虚拟的边界，正如 David Harvey（2003：362）所说，"仿拟变得真实而真实具备了仿拟物的很多特质",这就造成了虚拟空间/文化的诞生。很显然,虚拟空间是一个完全人造的环境,它的出现使得当代视觉文化变得更加纷繁复杂。很多网友无法区分虚拟与现实的边界,沉溺于网络中的虚拟生活而不能自拔,一部分人甚至在虚拟世界得心应手,但在现实世界却无所适从。Mark Poster(2000:25)对于现实与虚拟的边界有清晰的阐述:

> 在诸如电脑这样的表征性机器中,界面问题尤为突出,因为人/机分野的这一边是牛顿式的物理空间,而那一边则是赛博空间。高品质的界面容许人们毫无痕迹地穿梭于两个世界,因此有助于促成这两个世界间差异的消失,同时也改变了这两个世界的联系类型。界面是人类与机器之间进行协商的敏感边界区域,同时也是一套新兴的人/机新关系的枢纽。

最后,互联网使得任何人都可以上传、下载和无限复制图像,图像的所有权或版权规则难以执行。而在公众参与、人人创造的虚拟世界中,每个人都有权利展示自己眼中的世界,表达自己的观点和态度。人们习惯于在博客、朋友圈或者 YouTube 里晒出生活的点滴,展示自我,网络中充斥着照片和视频;或者可以说,这是一个图像泛滥的网络,图像已经完全凌驾于文字之上,抢占人们的眼球,成为信息交换的主要渠道。与此同时,图像的所有权和作者的权威性变得无足轻重,被彻底解构了。自下而上的信息产生模式使得 Habermas 所讨论的公共领域完全被网络公共领域所取代,一种新的公共性应运而生。正如 Sean Cubitt(1998:5)所说:"赛博咖啡馆也许成了新公共空间、新民主和新主体性的中心。"

五、视觉消费

新媒体的出现改变的不仅仅是视觉体验的方式、信息产生和交换的渠道,还有人们对视觉产品的消费模式和观念。在人类的历史长河中，视觉消费并不是一个新的概念，购买美术作品，设计珠宝首饰，观看戏剧表演，追逐服装潮流，这些都是视觉消费的案例。但必须承认的是，传统的视觉消费文化与当代视觉消费文化之间有许多差异，这与当代社会和文化所出现的大转型密不可分。一些社会学家认为，自 20 世纪以来，有一个从生产型社会向消费型社会的转变，从某种程度上说，也就是现代向后现代的转变。Baudrillard 认为，在消费社会里，消费者"受到物的包围"，消费者与物的关系也出现了变化，"他不会再从特别用途上去看这个物，而是从它的全部意义上去看全套的物。文化成了商品中心的组成部分"（Baudrillard, 2000：3）。也就是说，消费者关心的不只是商品的使用价值，更重要的是其交换价值或者其所承载的文化价值，而这后者，往往通过形象、包装等视觉因素来体现与构建，因此，视觉消费在当代社会的影响力和重要性，都达到了空前的高度。

在消费社会中，"看"这一行为本身就构成了消费。19 世纪法国诗人 Charles Pierre Baudelaire 可能是最早意识到这一点的人之一，他笔下所描述的"闲逛者"，在巴黎繁华的市场和街头游荡，眼睛不停地打量着周围的景象，甚至不问价格，也不说话。这和当下大都市的"闲逛者"一样，他们在巨型百货商场和购物中心里穿梭往来，可能没有特定的购买计划或目标，只是打量欣赏着林林总总的消费品，"闲逛"已经成为一种消磨时间的方式和生活的趣味。恰如消费理论家 Susan Willis 所言："在发达的消费社会中，消费行为并不需要涉及经济上的交换。我们是用自己的眼睛来消费，每当我们推着购物小车在超市过道里上上下下时，或每当我们看电视，或驾车开过广告林立的高速公路时，就是在接触商品了。"（Schroeder, 2002：4）而这些"闲逛者"本身都是潜在的顾客，他们首先是一个视觉消费者，不仅仅从视觉上欣赏挑剔着商品，也对前往的消费场所有着特定的视觉要求。往往那些装修豪华、功能齐全、空间宽敞的购物中心成为他们的首选。因此，当下的商场定位不再是顾客购买商品的场所，而应该是人们社交、休闲的公共空间，为人们提供舒适便捷和有品位的生活体验。换言之，购物的快感不再单纯地来自对商品的拥有，更重要的是它依赖于过程中的种种视觉愉悦和心理满足。北京芳草地购物中心琳琅满目的巨型雕塑就是一个极好的例证，这些雕塑并不售卖，与商场里所卖的其他商品也并无任何关联，但是能提升卖场的艺术品位，吸引人们的眼球。丰富多元的艺术氛围构成了芳草地独有的特色，给顾客提供新奇震撼的视觉冲击力，随之而来的是充满新意的独特体验。视觉消费还能生产意义和欲望。John Fiske 曾说，在文化经济中，流通过程并非货币的周转，而是意义和快感的传播。一个好的营销策划，不仅要发现和满足消费者的需求，更要创造新

北京芳草地购物中心巨型雕塑

的需求，并让消费者接受它。苹果电脑创始人 Steve P. Jobs 曾表示："消费者并不知道自己需要什么，直到我们拿出自己的产品，他们就发现，这是我要的东西。"遵循这一思路，苹果产品把贯彻极简美学理念的外观与流畅的用户体验完美结合起来，取得了巨大的商业成功。不仅姣好的商品外观和包装能激发顾客的购买欲望，广告中的代言人形象，尤其是明星们，同样也生产意义和催生购买欲。在广告里，形形色色的各种"消费偶像"们，成为吸引公众"眼球"和"注意力"的法宝，这些广告往往把光鲜亮丽的明星及其体面优雅的生活方式和某种商品相联结，进而传达出特定的消费意识形态和享乐主义，让公众在该商品和某种美好的幻象之间画上等号。可以说，在消费社会中，消费者的真实需求已经被遮蔽了，他们的购物消费并不是因为需要，而是因为消费品及其广告所诱发的无穷欲望。Pierre Bourdieu（1984：2）就曾说过，"眼光乃是教育再生产出来的历史之产物。"消费者在商家和传媒的营销浪潮中，不断地受到视觉冲击，接受视觉再教育，他们会发现，原来还有如此之多的需求尚未满足，在追逐无穷欲望的高峰上不断攀登。在这个过程中，个人需求可能无

限膨胀，远远超过了生存所需，但却实现了货币的周转，维持了经济的活跃，保持了社会稳定进步所需的经济活力，从这个角度出发，视觉消费是现当代社会必不可缺的经济助推力。

消费者的消费行为不仅能满足欲望，更是个人身份的自我构建和获取社会地位认同的重要机制。现代社会的流动性增大，城市新移民大量增加，人们甚至在不同的国家城市间频繁穿梭，人与土地、家族之间的关联性逐渐减弱，使得传统的身份认同方式渐趋消失，整个社会从地位的社会向契约的社会转变，这些都加剧了个人对自我定位的困惑和压力。现代人往往采用消费的方式来应对和解决个人身份的危机。Baudrillard 认为，"通过使用各种物品，每个个体和群体都在寻找自己在特定秩序和结构中的位置；物品则通过分层化的社会结构为每个人保留一个确定的位置"。在现代社会中，消费行为、生活方式和拥有某些商品越加成为社会地位的标志，商品不再是一个客观的、自然的对象，而是一个具有区分功能的象征性符号，人们通过消费不同的商品和服务，来追寻和表明自己的社会地位，说明自己的社会群体归属，以区别于他人（例如，苹果系列产品的拥趸者被称为"果粉"）。商品和服务成为重要的建构身份的通道，而值得注意的是，视觉在这一通道的实现过程中扮演了相当重要的角色。因为在视觉占据文化主因的消费文化中，视觉越来越具有与语言类似的建构功能，海量的视觉因素（图片与视频）充斥着对消费者的引导与诱惑，而消费者也乐于通过视觉的渠道来了解其希望跻身的阶层，并且在衣着用度、生活方式等方方面面进行模仿，以便向其目标阶层和定位靠拢。时尚杂志用几乎整本的图片展示和教导中产阶级的优雅着装和生活理念，时尚网站被各路明星和网络红人的街拍刷屏，购物网站上"某某同款"的字样彰显着大众追逐偶像的热情，这一切都与视觉消费密不可分。一个最典型的例证来自于英国王室最年轻的成员——4个月大的夏洛特公主。据世界领先的独立无形资产评估和品牌战略公司"品牌经济"（Brand Finance）的数据显示，夏洛特小公主对英国的经济将会有50亿美元的促进作用。与她有关的时尚产业和其他联系起来的各种行业，都被证明存在"夏洛特影响"。夏洛特公主目前在公共场合仅仅出现过两次（一次出生，一次受洗），发布的照片仅仅数张，就引发了全球皇室粉丝的追捧，其出生时所围的蕾丝襁褓和受洗时所坐的婴儿手推车在媒体曝光后成为热销的单品，相关厂商也获得了来自世界各地巨额的订单。

六、结　语

随着人类的传播技术从印刷媒介发展到电子媒介，我们的文化也从"读写文化（the literate culture）步入电子文化（the electronic culture）"（Chesebro, 1996：3）。作为电子文化的基本特征之一，视觉性占据了绝对的主因地位，图像凌驾文字在当下已经是一个不争的事实。纸媒被电媒边缘化，文字为图像服务，在这一场"图文"战争中，图像取得了霸权。这一现象可以从以下方面做出解读：

一方面，后现代主义大行其道，它"反对美学对生活的证明，结果便是它对本能的完全依赖。对它来说，只有冲动和乐趣才是真实的和肯定的生活"（Bell, 1989：37）。这种倾向渴望行动（与观照相反），颠覆理性，追求新奇，贪图轰动。而最能满足这些迫切欲望的莫过于艺术中的视觉成分了，这为视觉至上的风潮铺设了基石。

另一方面，消费享乐主义风行，Jonathan E. Schroeder（2002：4）指出，"视觉消费是以注意力为核心的体验型经济的核心要素"。视觉快感成为人们日常生活的普遍取向，景象组织了美学，统率了观众，城市化进程的加剧和视觉技术的飞速发展为人们的观看提供了条件，也不断激化着人们的观看欲望，拉高了观看的预期和审美水准。

必须承认的是，我们生活在一个数字化的电子世界上，它以形象为基础，旨在吸引人们的眼球、建立品牌，创造心理上的共享共知，设计出成功的产品和服务。正如 Guy Debord（1977：23）所说："在那些现代生产条件无所不在的社会中，生活的一切均呈现为景象的无穷积累。一切有生命的事物都转向了表征。"在这一场视觉的盛宴中，不再是人役物，而是物役人，人们被景象包围，被欲望驱使，在丰裕甚至过剩的景象背后，实际隐藏着复杂的社会权力关系。

第七章 身体的文化研究

一、引 言

当代文化研究把身体作为一个重要视角。这个视角下，身体不只是物质实体、生物数据或是生理学事实，而是作为社会符号的身体。符号化的身体与其他符号具有同质异构性，都是能指与所指的结合。现实的身体作为能指，表征社会意义和文化意义。此外，符号化的身体除了反映社会文化，还建构社会文化。在后现代语境下，身体的文化研究受到了空前的重视，这与后现代思想中反逻各斯、多元、解构等有着密切的联系。本文试图追踪身体发展与文化发展的密切关系，阐释身体的社会符号学内涵。研究发现，人类认识对待身体的态度反映出人类社会文化发展的脉络和范式。身体的背后是人类不断更迭的社会、文化体系，通过对身体的考查，可以发掘隐藏在身体符号背后的社会、文化内容。正是在这种意义上，身体具有了社会符号学内涵，身体建构文化的功能源自身体的社会符号属性。

二、身体史与文化史

1. 身体的压制：理性主义

身体除了作为人类存在的物质基础，还具有深刻的社会文化内容。从古至今，对待身体的不同态度反映人类不同的社会文化体系；反过来，通过对身体的塑造，甚至改变，人类也建构着不同范式的社会文化。正如丹尼·卡瓦拉罗（2006：96-97）所说："尽管具有不稳定性，身体在我们对世界的解释、我们对社会身份的假设和我们对知识的获得中，扮演了一个关键性角色。" Bryan Turner（1996：6）也明言："我们主要的政治和道德问题都通过人类身体的渠道进行表达。"

自古希腊时代到现代主义，西方世界的思想基本是以理性主义为主导。与此相伴而生的是对身体的贬斥。作为西方理性主义开拓者的苏格拉底和柏拉图都表现出对身体的不屑。对于苏格拉底来说，灵魂才是永恒存在，身体是人类回归灵魂的羁绊。所以他在面对死亡时微笑坦然，因为在他看来，死亡所毁灭的仅仅是肉体，灵魂是无法毁灭的。柏拉图对身体的歧视与敌意更是直言不讳："带着肉体去探索任何事物，灵魂显然是要上当的"，"我们要接近知识只有一个办法，我们除非万不得已，要尽量不和肉体交往，不沾肉体的情欲，保持自身的纯洁。"（柏拉图，2000：7，15）

中世纪的西方文化强调灵与肉的对立。这一时期，古希腊时代的灵魂化身为上帝，整个中世纪思想史就是用理性的方式去证明上帝的存在——上帝成为理性的化身。《约翰福音》明确宣称生命是属灵和永恒的，肉体的存在则短暂易逝，让人活着的乃是灵，肉体是无益的。《罗马书》中也强调："体贴肉体的，就是死；体贴生灵的，乃是生命、平安。"（尼采，1997：27-28）所以，在这种身体与灵魂对立思想的统治下，出现了西方中世纪文化的禁欲理念。要通达灵魂和上帝就必须克服肉体的种种欲望，肉体与上帝是敌对关系。漫长的中世纪文化史就是身体备受冷落的文化史。在现实中，人们通过克己、苦行、冥想、祈祷、独身、斋戒、甘于贫困等方式达到祛除欲望的目的，从人类世界走向上帝世界。

经过漫长的中世纪，宗教的统治地位慢慢淡出，人类的注意力回到人本身。启蒙时期，人类的注意力对身体有所关注。文学艺术作品开始用各种方式展示人体、人性之美。但是，相对于理性而言，身体还是处于被支配的从属地位。启蒙时代语境下的身体被看成是一个感性事件，是通达理性的途径。这一传统被现代性哲学的代表笛卡尔、黑格尔发展到极致。笛卡尔的一句名言"我思故我在"，把人的理性思维提升到了人的本体存在的高度。在他那里，身体是感性、偶然性、不确定性、错觉和幻想的代表，心灵则是理性、稳定性、确切性和真理的代表。他说："人的精神或灵魂与肉体是完全不同的"，"在肉体的概念里边不包含任何属于精神的东西；反过来，在精神的概念里边不包含任何属于肉体的东西。"（笛卡尔，1986：90，228）黑格尔哲学的精髓是"绝对精神""绝对理念"。在这一理念的指导下，人的本质也被抽象为一种绝对的意识和精神，成为一种"思辨人"，其本质是"抽象的人"。人的历史被抽象为意识和精神的历史，身体陷入了人类历史的无尽黑暗之中。马克思在评论黑格尔对人的论述时说："人的本质，人，在黑格尔看来＝自我意识，主体也始终是意识或自我意识，人仅仅表现为自我意识。因此，人被看成非对象性的、唯灵论的存在物。"（马克思，恩格斯，2009：207）

综上所述，西方文化史从古希腊开始就一直对身体进行压制，身体相较于本质的、永恒的存在根本微不足道。理性主义者认为，只有通过理性的、逻辑的思考和推理才能获得对世界本质的认识。理性的羁绊——身体，要么被彻底排斥，要么在为理性认识服务完后被扔进思维的垃圾桶。

2. 回归身体：从尼采到福柯

理性主义发展到极致，其结果并不一定都是好的。两次世界大战空前的破坏性与毁灭性、理性主义操控下的科学技术进步带来的对自然的破坏，诸如此类问题开始让人类反思理性，重新思考理性与感性的关系以及感性的重要性。在这一语境下，身体作为感性认识的物质载体，在对理性主义的反思与批判中上升到主导位置，哲学家们开始把身体作为武器，来挑战理性主义的权威。

尼采提出了身体一元论，把人的精神、意识、思维、认知都归为身体。（张之沧，2008）在尼采看来，基督教与启蒙思想不是表现出对身体的压制,就是表现出对身体的反感,都对身体不以为然。只不过是,前者借用了上帝的名义,后者则借用理性的名义。于是尼采开始了动物化身体的叙事,他刻意嘲笑身体与意识的二元对立,他通过作为权力的身体,拒绝"灵魂假设",他想用他的激情、才华与能力,力图拯救一个真正的"人"。他激烈地批判作为形而上学典范模式的二元对立,从而将身体置于突出的地位。"无数的错误皆源于意识……简单地说,只用意识,人类必定会走向崩溃和毁灭。"(尼采,1984:71)"我憎恨狭窄的灵魂有如魔鬼,那些灵魂既不生善,亦不生恶";"我完完全全是身体,此外无有,灵魂不过是身体上的某物的称呼。身体是一大理智,是一多者,而只有一义。是一战斗与一和平,是一牧群与一牧者。兄弟啊,你的一点小理智,所谓'心灵'者,也是你身体的一种工具,你的大理智中一个工具,玩具";"兄弟啊,在你的思想与感情后面,有个强力的主人,一个不认识的智者——这名叫自我。他寄寓在你的身体中,他便是你的身体。"(尼采,1992:27-28,39)

福柯对待身体的态度也是反理性主义的,但与尼采不同的是,福柯把身体置于人类政治和意识形态的角度去考查,强调政治和意识形态对身体的改造,强调权利向身体的进犯。如果说福柯之前的身体理论是在强调身体作为文化符号的一维的象征关系的话,那么福柯就把这种关系拓展到了二维的互动关系。一方面,身体象征文化,对待身体的不同态度反映出人类不同文明时期的文化特征;另一方面,不同时期的文化,通过对身体施加作用而进行巩固、改造和建构。

在身体与权利和政治的关系上,福柯强调后者对前者的规训:既有的权力关系和政治模式通过对身体实施不同方式的惩戒,来达到巩固和延续这种既有社会体制的目的。在他看来:"身体或者肉体直接卷入某种政治领域;权力关系直接控制它,干预它,给它打上标记,训练它,折磨它,强迫它完成某些任务、表现某些仪式和发出某些信号。这种对肉体的政治干预,按照一种复杂的交互关系,与对肉体的经济使用紧密相联;肉体基本上是作为一种生产力而受到权力和支配关系的干预。"(福柯,1997:27-28)"每当我想到权力结构,我便想到它毛状形态的存在,想到渗进个人的表层,直入他们的躯体,渗透他们的手势、姿势、言谈和相处之道的程度。"(阿兰·谢里登,1997:281)在福柯看来,权力关系通过对身体的控制、干预等方式,获得复制和再生产,社会生产身体的过程也就是生产权利的过程,权利中所体现的社会关系可以通过社会中各主体间的身体关系来构建。

从以上的梳理可以看出,身体与社会文化的关系紧密相连。在这个意义上,身体就从一种单纯的物理性或生物性存在上升为一种社会存在,发挥社会符号的功能。事实上,身体对社会文化的表征与建构,其根本原因就是身体所具有的社会符号学价值。以下我们做详细的探讨。

三、身体作为社会符号

1. 身体作为能指

人类是符号性的动物。符号的使用使人类在意识中把世界分为主体和客体,使人类自身能够脱离主体的躯壳,站在客体的位置去审视自我的存在。这样,人类不仅可以活在当下,还可以回到过去、思考未来。

索绪尔把语言符号分析为一体两面的一对概念:能指和所指。能指是音响形象,所指是概念,两者的结合成为符号。(索绪尔,1996:102)索绪尔是从语言系统出发来阐释能指与所指的关系的。事实上,符号学作为一个大系统处处都存在这种能指与所指的表征关系,正如罗兰·巴尔特所言:"符号学的记号与语言学的记号类似,它也是由一个能指和一个所指组成(例如,在公路规则中绿灯的颜色表示通行的指令)。"(罗兰·巴尔特,1988:135)就身体而言,除了看得见摸得着的肉体,其背后是一个无形的、庞大的文化体系。这样身体就是一个广义上的符号,有形的肉体是符号能指,无形的文化内涵是符号所指。

把身体与其背后所表征的文化意义作为符号的能指与所指的关系

来对待，有助于我们更清楚地洞悉身体与文化之间的密切联系。我们可以用社会符号学的理论来进一步研究身体的文化内涵。在这个意义上，人类身体与人类语言一样，无时无刻都不在言说。就本体论而言，言说的身体才是人类身体真正的存在方式。这与海德格尔说的作为语言本体存在方式的"言说的语言"是一致的。在海德格尔看来，语言的本质在于"语言说"。"语言之为语言如何成其本质？我们答曰：语言说。"（海德格尔，1999：2）而人说的语言是在语言自身的言说中进行，这就构成了他著名的论断"语言是人类存在的家园"："语言是存在的家园，人栖居在语言所筑之家中，思者与诗人是这一家园的看家人。"（海德格尔，1987：201）实际上，海德格尔所说的"言说的语言"就是存在于语言符号的社会性的层面上。社会生活通过符号的方式来约定、运行、巩固、变革，所以人通过符号的方式存在于社会中。身体作为文化的能指，其背后是对身体文化意义的约定俗成。反过来，已经约定俗成的身体的社会意义又通过身体能指得以表征，个体的身体行为也只有在社会身体的语境下才能获得有效的表征与解读——身体不说但又无时无刻不在述说。

2. 身体表征与建构社会文化

社会符号学认为，社会现实（或文化）本身就是一座意义的大厦——一个符号结构，很多话语都会遵循一定的程序，受社会规范的制约。除了探讨语言和社会的基本关系外，社会符号学还试图解释社会成员构建社会符号、社会现实被塑造、限制、修改的过程。而这些过程对社会现实的构建并不如理想所描述的那样，相反，往往会对短视、偏见、误解视而不见甚至制度化。（Halliday，1984：2-4，125-126）这就是说，一切符号都承载着文化信息，符号不仅表征社会文化内涵，而且反过来具有建构社会文化的作用。吕红周（2014）指出："人以符号的方式感知世界、理解自然，并且同样以符号行为给世界命名，正是以语言的可理解性为基础，人类方能不断的解读出宇宙中遮蔽着的秘密，人的符号化行为就其总体来看是给整个世界赋予意义的过程，当然这也是对人类拓展空间的符号记录。" Fairclough

认为，一方面，话语在最宽泛的意义上，受到社会结构的塑形和约束；另一方面，话语又建构社会。（Fairclough，1992：64）作为符号的身体也具有同样的功能：一方面，不同时代、不同族群对待身体的态度凸显其不同的文化内涵；另一方面，对身体的规训与教化与对语言的规训与教化一样，是社会制度巩固与自身再生产的方式。

首先，从历时维度看，人类历史发展的各个时期都有其独特的身体文化。在没有任何装饰的情况下，作为肉体的身体是没什么区别的，都是有机体，都在进行着亘古不变的化学反应。但是，一旦人类从普遍的动物界脱离出来，从原始人树叶遮羞那一刻开始，身体就开始负载文化内容。而且，这种文化内容是随着人类历史的演变而演变的。所以，肉体还是那样的肉体，而肉体背后的文化信息却截然不同。在中国的唐代，女性身体是以胖为美的。可是到了现代，纤细的腰肢与凸显的锁骨才是美女的特征。"待字闺中"的封建文化，用对女性身体的约束来体现其男权地位、男尊女卑的社会制度。而对女性的解放，也是通过其身体的解放来实现的。新中国成立后，中国女性开始从近乎自虐的缠足制度中解放出来，体现了新时代女性地位的提高。所以，身体表征文化。反过来，一种社会制度通过建立与推广主流的身体文化，使这一文化在人们中间形成集体的无意识，巩固与加强自身的统治地位。例如，生在封建社会的女性，会以大脚、见生人为耻。要是想在公众场合露面，还要女扮男装。西方也不例外，从维多利亚时期把身体包裹得严严实实到现代着超短裙，不同时代的时尚元素通过对女性身体的作用而建构女性的身份特征。所以，一部身体史就是一部文化史，这其中充斥着文化对身体的约束与身体不断突破文化约束的辩证关系。

其次，从共时维度看，不同社会制度之间以及同一社会制度中不同的族群之间，存在不同的身体文化。对身体不同的符号化方式反映出不同文化的主体性特征，也是身处这一文化范式中的人们寻求文化身份、文化归属的方式。就个体而言，属于一个文化群体的人会按照这个文化群体的规范去展示并塑造自己的身体，以强调自我文化身份的独特性。就种群而言，一个社会或一个种群会通过对其成员进行身体的约束或改造,来保持并加强这一文化群体的独特性。所以身体是人类寻求文化身份与归属的现实基础,不同的人和人群通过对身体做出不同的改造,来凸显自己文化的特质。例如,在同性恋人群中,人们通过变性手术,人为地改变身体的自然状态,试图获得反面性别的身份认同。也有女性通过做处女膜修复术,来迎合现存的社会价值体系对女性价值的评判方式。

再次,从泛时空的维度看,人类通过对自己身体进行标新立异的改造,达到与主流文化相对垒、反抗主流文化乃至突破主流文化的目的。丁建新(2010)曾经从语言作为社会符号的角度探讨过"反语言"问题:"反语言不仅是一种相对于主流语言具有不同词汇特征的语言形式,更本质的是反文化群体用来反抗、抵制、扰乱、从而远离占统治地位的主流文化的一种话语实践。"身体作为一种社会文化符号,在不同文化范式的更迭与斗争中起着同样的作用。与主流语言相联系的是主流身体,与反语言相联系的是反身体。例如,"rap"歌词中充斥了非正式的俚语的用法,而"rap"歌手也会相应地将这种特殊身份在形体塑造上体现出来。这种形体塑造表达对主流乐坛的一种反制。

总之,作为能指的身体,其背后的文化所指具有社会符号学的普遍特征。在这种意义上,一个血肉之躯就获得了社会存在。而个人的身体作为社会身体的一员反映个人的文化身份、社会关系、价值观等社会存在。这样,由个体的人建立起来的社会就成为一个社会身体的集合,依靠共同的意识形态而组织起来,有特定的结构和行为规约,使身体获得社会意义的同时又建构社会意义。反过来,对身体的改造一方面巩固即有文化,另一方面也可以对其进行反制甚至超越,在建构新文化范式的过程中发挥作用。

3. 身体的后现代建构

身体作为社会符号的作用在后现代主义的哲学背景下获得最大的凸显。究其原因,是因为后现代思想对传统哲学的中心论、二元说的反制。在这个过程中,身体作为社会文化意义的表征也就成为后现代主义的一个有力武器。

首先，后现代思想中的身体观。

现代思想以结构主义、理性中心、逻各斯中心为导向，强调事物的共性以及事物背后有条不紊的秩序和结构。到了后现代，这种思想受到了空前的挑战，被无情地解构。德国哲学家胡塞尔提出"回到事物本身"的现象学还原方法，试图超越物质与意识的界限，主张哲学研究应该以"现象"作为研究的出发点。（胡塞尔，2007：88）这就把事物的本质从客观理性主义拉回到主体意识上。德里达的"解构主义"强调差异、无限延宕。本来具有固定结构、中心思想的文本被德里达解构为"不再是完成的作品集，也不再是一本书内的内容，而是一张差异网，一张不断指向自身以外其他东西，指向其他差异踪迹的踪迹网。"（Bloom，et al.，1979：83）

总而言之，后现代思想主要以反中心、反理性、反逻各斯为主，强调文化的多元、异质和人的主体意识，总体上是一种人本主义。在人本主义思想的影响下，身体作为人类自然存在的第一基础，就毫无疑问地承担起反制传统的职责，在对身体的解放中体现其后现代特征。

其次，多元文化观照下的身体。

后现代主义哲学家利奥塔认为，在后现代状况下，无论在科学领域还是其他知识领域，与现代性联系在一起的对普遍性、一元性、同一性、确定性等的追求的合法性已被否定，代之而起的是对特殊性、多元性、差异性和变异性的肯定和崇尚。（刘放桐，2000：612）多元文化是历史的产物，是各种相互差别又相互交织的文化模式对自我身份认同的诉求。在这一文化背景下，每一种社会文化，作为一个独立的存在，都希望在文化交往中获得自己应有的地位。过去主流文化一统天下的地位受到了空前的挑战，各类亚文化、非主流文化不再以主流文化的马首是瞻，而是通过强调差异性、与主流文化的异质性建构自我的存在价值。

作为文化表征的身体，在多元文化的舞台上也获得了新的表征内容。身体与文化的关系永远是相辅相成的。多元文化建构多元身体，又通过多元身体建构自身。就种群而言，每一种文化范式都希望通过对身体的改造与加工，凸显自我的价值。年轻人通过把自己的头发染成各种颜色，在身体上文各种图案、穿刺等来表达他们的时代元素。一些特定的文化人群，如同性恋、素食主义者，甚至通过裸奔来表达其精神诉求。就个人而言，每一个人都试图通过对身体的装饰与改造，在人群中凸显出来。曾经象征一个时代的整齐划一的中山装，象征学生身份的校服，再也不会成为大众标榜的服饰，取而代之的是令人眼花缭乱的各种服饰和对撞衫的反感。

社会文化的发展已经进入多元时代，包括政治的多极、思维方式与意识形态的多样化。作为文化能指的身体也通过自身的进化，获得了新的文化所指。这是一个积极的进步，多元文化不是要否定主流文化，多元身体也不是要否定主流身体，而是建构有意义的"他者"的一种方式，代表着人类文明的进步和民主意识的提升。

最后，消费主义中的身体。

后现代文化的一个典型特征就是对消费主义的崇尚。后现代思想对理性的反叛和对感性的推崇表现在身体上就是通过各种方式达到对感官的刺激，"感官的盛宴"是后现代身体文化的典型特征。人类的几大感觉器官再也不满足于受理性操控、压抑甚至灭杀的禁锢，在一场场"感官的盛宴"中得到了空前的解放。在这一时代，身体再也不是人类通达真善美的藩篱，身体本身就是真善美，来自身体的各种欲望应该得到合理的满足。正如迈克·费瑟斯通所言："在消费文化中，人们宣称身体是快乐的载体：它悦人心意而又充满欲望，真真切切的身体越是接近年轻、健康、美丽、结实的理想化身，他就越具有交流价值。消费文化容许毫无羞耻感地表现身体。"（汪民安、陈永国，2011：284）身体从来没有像现在这样，堂而皇之地登上了社会主流文化的舞台。

消费文化中的身体强调身体的共时性、建构性、广告性。因为失去了理性的压制，所以人们只能诉诸感性来找寻存在的意义。解放了的身体通过各种对自身以及周围世界的改造，最大限度地刺激身体的感觉器官，努力使身体的各种欲望得到最大程度的满足。这种"活在当下"的身体意识,把人分解成一个个细小的碎片,作为整体存在的人弱化了。吸毒、摇滚、重金属使人在感官的极端刺激下获得即时的、愉悦的享受;过度包装、眼花缭乱的广告通过各种媒体引诱人们为满足身体欲望而消费。

在消费社会,人的欲望被无限放大,而理性变得式微。人为了满足身体的无限欲望而无限地消费着。可是,从理性的禁锢下解放出来的身体又进入另一个极端:对身体欲望无节制的追求,这就又使得身体陷入了感性、欲望的牢笼。例如,为了吸引异性的关注,现代女士穿的鞋跟越来越高,有时甚至去做美容手术。如果说人的身体以前是理性的奴仆的话,那么现在俨然变成了感性的奴仆,处处为感官的愉悦而受到奴役,甚至摧残。

四、身体建构文化的动态特征:互为身体性

克里斯蒂娃受巴赫金"复调"理论的影响提出了文本的互文性:"任何文本都是引语的镶嵌品构成的,任何文本都是对另一文本的吸收和改编。"(Kristeva,1986:36)不管是"复调"还是"互文性",其理论要旨都是强调文本语义的动态性——包括读者、文本在内的各种声音在一个共时空间相互作用而产生的意义。这样,一个文本再也不是一个封闭的存在,而是在不同的时间和空间下一次次获得新的文本身份的过程。究其原因,是文本与文化相互作用的结果。

作为社会符号的身体使身体成为一种社会文本,就像文学作品中的叙事一样,社会中每天都在进行着"身体的叙事"。身体建构文化的过程也是互文的,我们可以把这种过程称作互为身体性。作为实体存在的生理性身体都是一个独立的存在,其基础是生物学意义上的。作为文化符号的身体是社会性的,在身体与身体之间的互动中建构自我的身份,进而建构社会文化。互为身体性把人的身体纳入一个社会文化的网络,在与网络中其他身体的互动中建构自身的身份。这样,每一个身体不再是一个独立的存在,而是纷繁复杂的各种社会关系的综合体,其存在方式充斥着他人身体的种种印痕。就个体自身而言,

一个人的成长历程是一个连续体，其现有身体的文化特征往往会反映成长过程中某一时刻其身体的存在状态。例如，人在成年时期所表现的身体行为特征可能与童年时身体的经验有关，这在弗洛伊德的学说中说得很清楚。就个人与社会的关系而言，个体身体蕴含着许多他人身体的特征。例如，在家庭关系中，子女除了从父母那里获得一个生理性身体外，还通过父母对其身体的教化，获得父母身体的某些文化特征。这一点，在穿着和饮食等行为习惯上体现得很明显。

所以，个体身体之间存在一种"互为身体性"关系。正是这种相互包含的关系决定着个体身体的文化特征。最后形成一个身体的网络，建构社会文化。

五、结　语

身体作为一个社会性存在，是一个社会符号。其存在方式、历史演变与其他符号一样，体现着人类不同历史时期不同的文化内涵。对身体的规训与教化是对人文化的规训与教化，是社会文化巩固、变革、建构的必要方式。通过对身体的考查，可以洞悉文化发展脉络、不同社会制度以及不同种群的文化特质。就个人而言，其许多行为方式都可以在他的身体文化特征中找到答案。身体虽然默默不语，但时时处处都在言说着人，言说着人类的文化。

第八章 大众文化研究：电影的视角

一、引 言

随着视觉文化的兴起和大众文化的发展，电影成为文化研究的重要研究对象之一。本章首先追溯了电影审查研究在20世纪80年代前后发生的研究范式转换及其理论基础和现实原因，并探讨它可以给中国电影研究带来的启示。然后考察多厅影院与印度电影工业的转型，探讨印度多厅影院与电影工业转型之间的联系。

电影审查/分级管理制度研究是电影政策研究的一部分。早期电影研究者多数来自文学领域，以文本/作品为中心的文学研究范式也统治了电影研究。直到20世纪80年代，随着文化研究范式对传统学科的渗透和"新电影史"的兴起，电影的发行、放映实践及相关的制度安排才逐渐进入学术研究的视野（Daniel Biltereyst, 2011）。而研究者的问题意识，也不再集中于电影文本的美学特性或意识形态效果，而是将电影的生产、发行与放映视为宏观意义上的社会机制/实践（social institution/practice）的一部分，一方面从政治经济学的角度解释电影工业的发展，另一方面处理电影的生产、发行与消费中涉及的阶级、性别与种族等身份政治议题。在这种情况下，审查作为国家或行业组织对电影内容控制受到了新的关注。

探讨印度多厅影院与电影工业转型之间的联系，并非强调二者之间的线性因果关系，而是突出电影观看空间的文化及经济意义，在研究方法上承接了20世纪80年代以来的"新电影史"的研究取径，把电影院看作社会文化交换的场域，从而将研究的落脚点从电影内容转移到电影的流通和消费上来，关注电影发行放映的商业活动、公共生活中塑造电影形象的政治和法律话语，以及特定观众的社会和文化史，将电影研究的问题意识从影片文本的艺术价值扩展到文化研究所关注的阶级、种族与性别上来（Richard Maltby，2011）。

二、电影审查研究的范式转换研究

20世纪80年代以来，英文世界中的电影审查研究经历了一个范式转换：从描述审查制度基本状况、梳理其对电影创作的伤害到发掘围绕电影审查各种力量展开的角力、深层次作用机制及其生产性效果。其理论基础是由后结构理论所激发的"建构性审查"观念，它源于福柯微观权力及其效果理论，集中体现在朱迪·巴特勒和布迪厄关于审查作用机制的论述和对审查作为意义生成结构性要素意义的认定。但这一新的范式并非为审查的压迫性开脱，而是对现实中电影内容控制性质与方式变化的适应，更有助于发现压迫的复杂性与隐蔽性。

1. 英语世界中电影审查研究的范式转换："建构性审查"

以20世纪80年代为界，英语世界中的电影审查/分级制度研究大致可分为两个时期。前一个时期的研究主要集中在对审查制度基本状况的描述与介绍，揭露其给电影生产带来的实际损害，后一个时期致力于发掘围绕电影审查运作的各种力量所展开的角力、深层次作用机制及其生产性效果。这个新的审查研究范式的基础，可以称为"建构性审查"（constitutive censorship），它以福柯等后结构理论为基础，强调审查的建构性效果。将创作者的自我审查、社会压力团体的抗议行为、批评活动，乃至经典建构和话语表达的规则都划入审查的范围之内。在这种视野下，甚至可以说，审查不可避免，亦不存在绝对的表达自由。

与此相比，传统的审查研究将审查视为由国家或其他权威机关所实施的对表达的控制，它包括事先审查和事后审查两个部分，这个模式强调权力的压迫性和外在性，以及审查者与被审查者之间二元对立的关系。其代表性的研究是兰德尔（Richard Randall, 1986）的《电影审查：大众媒介的社会和政治控制》。这本书以美国电影工业在法律上从"生意"到"言论"的定位转变为线索，介绍了审查的历史沿革与现状。因为当时电影研究尚未在大学研究中正式体制化，还缺乏自身独有的问题意识与方法。本书严格说来是以电影工业为例来讨论现代社会对大众传媒控制方式的变迁。

进入20世纪80年代后，电影审查研究的范式发生了结构性的变化。概况起来，主要表现在三个方面。第一，揭示审查制度运作过程中国家与不同社会力量之间复杂的权力关系（Gerald Gardner, 1987; Gregory Black, 1994; Martin Barker, Jane Arthurs and Ramaswami Harindranath, 2001; Tessa Dwyer and Ioana Uricaru, 2009）。如萧知纬在其以南京国民政府时期电影审查为研究对象的博士论文中，并没有单纯地把审查看作是对左翼电影的政治压迫，而是处理为文化史上意识形态与各种文化力量发生冲突以争夺话语权的交会点，从中分析国民党中央政府内党务系统与军统、地方政府与中央政府、国民党的民族主义话语与帝国主义势力的矛盾（Xiao Zhiwei, 1994）。第二，关注审查制度对电影工业形态的塑造作用（Jon Lewis, 2000; Darrell Davis and Yeh Yueh-Yu, 2009）。如格里夫森（Grieveson）指出，围绕着美国早期电影审查的一系列争论，实际上是对"电影应该在社会中扮演什么角色"这个问题的分歧。这场争论的结果是电影被认为既缺乏对白又过分强调戏剧性情节，因而不适合讨论严肃问题和承担教育功能，只能是纯粹的娱乐。这促使美国电影工业的主体不再生产可能引起争议的"教育电影"，而致力于"无害的娱乐"（Lee Grieveson, 2004）。第三，从文化研究的角度，分析审查实践中性别、种族、国族和阶级等特定的权力关系（Saw Tiong Guan, eds, 2013; Laura Kenna, 2009; Nandana Bose, 2009）。如彭丽君从南京国民政府至今中国电影审查中对"鬼"的禁令中发掘了中国启蒙话语的结构悖论：国共两党的启蒙工程都认为从电影中把鬼清除出去是反对封建迷信、建立现代文明必不可少的一部分。然而，在康德的原初意义上，"启蒙"意味着不经他人引导而自我达成的成熟状态，由国家实施的电影审查却恰恰剥夺了这种主体自觉的能力（Pang Laikwan，2011）。

2. 福柯、布迪厄和巴特勒：范式转换的理论内核

促使电影审查研究发生范式转换的原因不仅在于开放历史档案给研究者了解到审查制度微观运作的机会，促使其从描述审查制度的历史沿革与现状转向思考深层次的社会文化因素；也不仅仅是因为现实中由国家或其他权威部门执行的直接审查转变为分级制，以市场规模制约电影生产者对性及暴力因素的把握，刺激研究者思考电影内容控制的复杂性与隐蔽性。如美国左翼或右翼抗议团体所导致电影删改甚至撤出影院放映，也被研究者视为特定的审查行为（Charles Lyons. eds.，1997）。这一转换的深层次原因在于新的理论范式的提出，其中最为突出的是福柯的权力观，瓦解了那种对审查制度直观的、常识性的理解，即认为审查制度仅仅限于国家或其他权威机关对电影表达直接的压迫行为。

首先，福柯认为权力是生产性的，主体是权力运作的效果。19世纪对"性"的压抑和禁止却构成了关于"性"的话语，从而生产出"性"这个对象。这一关于权力生产性的认知极大地启发了电影审查研究。库恩认为，将审查视为绝对性的压抑力量，会将焦点完全放在被删减的内容上，有碍于研究者认识到审查制度真正的运作方式和实际效果。在她看来，审查总是处于张力之中，并在效果上是生产性的。相对于直接的删减和禁止行为，审查在处理有争议的电影过程中所使用的话语影响范围更广，它不仅生产了"经审查的文本"，更将电影塑造为大众娱乐媒介。20世纪初，英国电影审查委员会拒绝给所有的健康教育电影颁发许可证，但这并不是因为他们认为这些电影内容粗俗下流，而是因为他们认为纯粹依赖图像的电影本质上是娱

乐的，不适合处理有争议的话题，更不必承担教育责任（Annette Kuhn，1988）。库恩的研究强调了审查的生产性，也突出了它通过运作效果抹去自身存的隐蔽性：今天看来似乎是"自然"形成的以娱乐为主体的电影工业形态，在一定程度上是审查的有意塑造。

其次，相对于清晰可见的来自于国家或者其他权威的压迫性权力，福柯致力于揭示权力的微观运作。这提醒研究者将注意力从审查的宏观政策转移到微观的日常工作实践，转移到审查目标得以实现的具体方式。梅塔（Mehta）基于自己在印度电影审查委员会日常工作的田野经验指出，"国家—禁止"模式并不适用于印度电影审查制度，因为印度的审查机构除了对电影内容的删减提出意见之外，更为日常的工作是分级和类型划分，后两者直接成为被印度电影工业借鉴的市场策略，是电影生产者进行市场定位的标准之一（Mehta，2011）。

最后，福柯晚年关于"治理"的理念启发研究者重新思考国家审查的方式。福柯认为，现代国家实现了从"统治"向"治理"的转变，其特征为发展出一系列的如人口普查等看似中性的技术方式来替代直接的、强制性的措施（Michel Foucault，1991）。受此影响，研究者将注意力由审查制度本身拓展到支撑其运转的社会科学框架下的"治理术"。克罗宁在研究英国21世纪初大众媒体及网络上围绕一部恐怖片的内容控制是否恰当的讨论时指出，现在电影审查关注的问题不再是电影采用何种方式、在何种程度上表现性和暴力内容才是合适的，而是聚焦于对性和暴力的表现将会对观众产生什么影响。但是，讨论的参与者所共享的观众概念不再是能够理性判断影像与现实区别的成熟个体，而是极易受影响的主体，甚至反对限制电影内容的人也接受了这一观念。在大众媒体的讨论中，媒介效果的学术框架已经取代了权力机构的直接审查，主导了公众对于电影内容是否恰当的认知（Theresa Cronin，2009）。

除此之外，朱迪·巴特勒和布迪厄关于审查作用机制和实际效果的论述更直接地阐释了这一范式转换的理论基础。巴特勒重新思考了审查者/被审查者的关系，她认为传统上将审查视为对言论等文化产品所实施的系统性控制的观念基于对审查者和被审查者的二元划分。其中,审查者是"绝对权力的主体",审查行为是一个主体施加于另一个主体之上的权力实践。这种观念的前提是权力外在于主体,权力的效果依赖主体而存在。然而,在巴特勒看来,情况恰恰相反,主体才是权力的效果,审查是被审查者主体形成的前提:"审查是富有生产性的力量。审查制度试图根据明显的或隐含的规范来生产主体,而主体生产的过程与对他(她)表达的管理密不可分……并不是说主体的生产仅仅与对主体言语表达的管理相关,而是说主体的生产与对可以被讲述的话语的社会领域的管理相关。"(Judith Butler, 1998)从这个意义上来说,审查不是外在的压抑力量,而是权力的积极运作,使得意义得以表达并生成被审查者主体。

巴特勒的分析揭示了审查的三个特征。第一,审查是同时具有限制性和生产性的权力,它与主体生产密切相关,即审查目的的达成,不是依靠单纯的压迫性行为,而是要依赖于对被审查者主体的生产和塑造。审查最终效果的达成,并不依赖于被审查的文本内容是否被禁止或者删改,而是依赖于能否按照审查的最初意愿生产出被审查者或者审查内容接受者的主体。第二,最有效的审查手段,不是显在的有力压迫性条款,而是暗含的规则。第三,审查机制的核心是"阻离"(foreclosure),这个借自精神分析的术语在此处强调将不合要求的一系列要素彻底地排除出可以被言说的范围。与压抑、否定和投射等一般的排除机制相比,"阻离"强调某个元素被拒绝在符号层之外,仿佛从不曾存在。在拉康看来,当某些元素在某个主体身上被阻离之后,便在符号层留下了一个永远无法被填满的空洞,当被"阻离"的元素出现在真实层的时候,主体便无法同化这个符号,而与此"无法同化的符号碰撞"所产生的结果,就是"进入精神病本身",其典型的特色就是开始出现幻觉或错觉(Evans, 1996)。"阻离"机制的启示在于分析审查制度的实际运行效果,审查固然可以通过将不符合要求的因素排除在可表达的范围之外,来维护社会秩序或者意义的稳定性,然而这些被排除的元素尽管游移于秩序之外,却在实际上影响到了秩序的稳定性,使得被审查所删除的内容往往成为关注的焦点。就像巴特勒分析美国军队中对同性恋身份的"不禁止、亦否定其存在"政策，实际上认可和助长了同性恋话语的传播，即"对某物的排除却帮助了它的繁衍"（Butler, 1998）。

巴特勒的分析不仅强调了审查的生产性，也意味着对于任何主体/话语表达而言，审查都是不可或缺的结构性要素。布迪厄在分析作为场域自身结构的审查制度时，对类似观点做出了更清晰的阐释："通过控制表达途径的获得和表达的形塑，来控制表达……这种结构性的审查制度以制度化的权威所强加和裁决的明确禁令的形式表现自己的需求，……最有效最隐蔽的审查制度，是所有那些通过把特定的能动者排除出讲话的群体或者排除出允许发布权威讲话的场所，从而把他们排除在交流之外的审查制度。为了解释在群体中什么是可以说的、什么是不可以说的，人们必须不仅考虑到这种系统性权力关系，它建立于群体内部，剥夺了特定个人讲话的可能性，或者迫使他们通过强力去克服这一权限，还要考虑的是，作为首要的审查制度而发挥作用的群体自身的组成法则"（Bourdieu, 1991：51）。在布迪厄看来，审查是传播行为的构成要素，而非对传播活动的外在压抑。因为传播依赖于话语，而话语都必须依照自身的规则而运作，这些规则正具有审查的性质。也就是说每个特定场域的话语都有自己的逻辑和规则，不符合这些规则的言语因不能被理解而被排除，而这些话语场域正是依靠其特有的排除机制与其他场域区分开来，并使内部的交流成为可能。从这个意义上讲，审查不仅是不可避免的，而且是必然存在的。

3. "建构性审查"范式的伦理困境

以福柯、巴特勒和布迪厄的理论为基础的"建构性审查"范式也许更能揭示审查运作机制的复杂性和隐蔽性。然而，它对审查"生产性"的强调却难以跨越其理论缺陷和伦理困境。因为这忽视了被审查者的感受，忽视了审查者与被审查者之间的不平等关系，抹杀了审查历史上曾经存在的对被审查者言论自由的限制甚至是人身的伤害（Freshwater, 2004）。此外，它将审查的概念扩大为包括语法、同行评议和经典建构等一切对言论和表达的限制和规范，从而抽空了审查的内涵，可能会导致"审查"成为与"互文性"一样被滥用的术语而最终沦为无效的分析范畴。而且，将审查视为话语运作的规则，将审查视为常规而非例外，很可能使人无法想象一个并不存在审查的社会，在某种意义上合法化了现实的审查行为（Muller, 2004）。有研究者进一步批评，不顾对表达的各种限制本身的差异和审查的社会历史特殊性，"建构性审查"观念也难免将不同种类的权力抹平的，将国家、市场、特定话语或者某种批评结构之间的压抑性力量抹平，将不同的反抗机制之间的差异也抹平（Post, 1998: 1 - 12）。

4. 适用性的再讨论

面对这些质疑，对"建构性审查"研究范式兴起的现实背景的思考有助于进一步激发它的潜力。这一研究范式兴起的语境是 20 世纪 70 年代末以来发达资本主义社会的内部变迁，制度化的审查大大削弱甚至彻底消失，以平权为目的的社会运动在现有民主制度内部依靠立法和舆论寻求限制政治不正确的言论，而资本和利益集团则使用更为隐晦的"制造共识"的统治技术。在美国，20 世纪 70 年代末 80 年代初以来，激进的左翼社会运动退潮，为了将已经在制度上确定下来的性别和种族平权普及为一般大众的意识，少数和边缘群体继而以身份政治为号召，抵制大众媒介等表达体系中的歧视性语言与影像，如女性主义者要求限制大众传媒和消费文化中的色情内容。同时，以里根—布什政府为代表的新自由主义/新保守主义政治势力回潮，以寻求多样化的政治机制为名"制造共识"，推行中产阶级的主流价值观念（Lyons, 1997）。这就造成了左右翼同时寻求国家权力支持、呼吁限制表达和宣传特定观念的局面，使得研究者都感到惊讶："来自印第安纳的女性主义者和原教旨主义的天主教徒一起寻求限制色情制品，批判种族主义的理论家和美国传统价值的守护者一起管制仇恨言论，堕胎权利的支持者和反对者都试图限制对方的政治自由……传统意义上的自由主义者反对官方对言论自由的压制，而左翼寻求多样化的政治机制，限制富人的言论以防止他们压抑穷人，限制色情产品以防止它们压抑女性。"（Post, 1998: 5）

更为重要的是，这一波对言论的限制中所表现出来的精细隐蔽而曲折的国家控制方式，以及其中暗含的主体—权力观念的变迁，引起了研究者对传统审查观念的反思："如果是在60年代，非常难以想象抗议者会表达出这些要求，当时他们是以反对政府和权威来定义自我，而今天，目标不再是反对权力，而是加入权力。"（Post，1998：7）传统的审查观念将审查视为权力对主体表达的直接压迫，而这个权力是外在于主体的，通常由国家或宗教这样的权威部门来实行。但是，现实中国家、资本或其他权威机构"制造共识"的精致舆论操作技术让审查研究者意识到限制表达的方式不只有国家的暴力压迫，它的隐微运作渗透到社会每一个角落，甚至支撑起社会的运作（Sanford，1998），福柯式的分析才更能揭示当代资本主义民主社会中对表达和自由的限制。所以，应当像福柯研究生产性权力的微观运作、研究现代国家治理术那样，将审查研究从国家与个体的二元对立之上转移开来，重点研究审查的运行机制、研究审查制度在权力网络之中的地位与作用。这并不是为国家权力的压抑性开脱，而是强调权力的隐蔽性与弥散性，强调与直观可见的暴力行为相比，有效的权力运作更依赖于规范性话语以及对这种话语的建构活动（David，1999）。相应地，"建构性审查"也并非为审查的压抑性辩护，而是提醒审查形式多样性与复杂性，不仅要注意到直接由国家权力机关所实施的审查，也要注意到国家权力赖以运行的各种话语形式，注意到国家与教会之外的其他审查力量，以及审查者与被审查者之间的复杂关系。唯有如此，才能真正揭示审查中的压迫关系。

从这个意义上说，"建构性审查"所代表的电影审查研究的范式转换并不像从理论角度看起来的那么对立和彻底。因为传统的审查研究强调的是审查的构成——作为审查者的权力机关以及被审查的对象，特别突出了审查者和被审查对象之间不平等的权力关系；而后者强调的则是审查的运作机制及其有效性来源。"建构性审查"范式，不仅要求注意审查行为的压抑本性和明显的、制度化的规则，更应当注意审查是如何通过生产自己的对象而实现目的，分析审查显在和隐含的规则标准、历史语境中的具体运作方式和处理的权力关系、作为个体的审查者和被审查者如何内化审查并且与审查体制的妥协与对抗,以及被审查文本的接受效果。简单地说,"建构性审查"研究范式关注的是审查系统中审查者、被审查者和审查文本接受者的主体在结构中的位置和作用,并以此来衡量审查的最终效果。

三、多厅影院与印度电影工业的转型研究

影院空间的意义在于电影工业自诞生以来,就试图将"走进影院看电影"建构为观众的日常活动,电影院不仅是电影放映的物理空间,也是观众与影像发生关系的媒介,它代表着电影工业对目标观众人口构成和品位的想象与期待,也象征了观众对现代城市生活的欲望,其背后关联着一整套的社会文化经济制度,以及这种制度之下人与人之间实际的与想象的关系的变迁。从这个意义上来说,多厅影院既塑造了观众社会性的、集体性的电影经验,也改变了电影从业者对观众群体人口构成和欣赏趣味的想象,进而影响到这一工业的形态。

多厅影院指的是拥有 2 块以上银幕的影院,但通常情况下绝对不止 2 块,而是 8 到 17 个放映厅,可以在同一时间、同样大小的空间内放映更多的影片,在观影时间和片目上为观众提供更多的选择。它附设于郊区或繁华商业区的购物广场中,与只有一个放映大厅的老商业区的独立建筑单座影院形成了鲜明对比。按照通行的解释,多厅影院对传统单厅影院的取代,正是一系列娱乐技术革新、城市空间与人口构成变迁的结果:有线/卫星电视、家庭影院系统、电子游戏和电脑网络的普及,与数字技术的发展一起,使电影成为流通于多种媒介之间的内容产品,"去电影院"在消费者日常娱乐中的统治地位消失。中产阶级和家庭观众等传统主流观众比重下降,青少年成为影院观影的主体,与之相应的是位于市镇中心或社区的、以电影观看为核心的独立的单座影院的衰落,市郊新商业区购物中心的多厅影院的兴起,为观众提供多元化的娱乐服务(Jancovich and Fair, 2003:190 - 201)。对于消费者来说,在购物中心的多厅影院中选择电影,是与购物和餐饮同构的消费行为。同时,多厅影院的普及,也缩短了电影

的放映周期，突出了首映和首周票房的重要性，加之观众结构的变迁，与奇观化、平面化的好莱坞票房大片一起，塑造了新的电影文化，并成为全球电影工业的主流（Adrian Athique, and Douglas Hill, 2010: 1）。

1. 多厅影院的兴起与现状

与其他国家一样，印度多厅影院的兴起是与城市空间的重新分配和休闲文化的转型联系在一起的。印度首家多厅影院1997年建于新德里的一个高级商业区。截至2013年，印度全国已经有2000块银幕位于多厅影院，占全国总银幕数9000块左右的22%。考虑到在发达国家以及像中国这样的发展中国家，多厅影院银幕数一般占到了全国总数的85%～90%甚至更多，印度多厅影院的市场占有率并不高（KPMG, *India Media and Entertainment Industry Report* 2014, in https://www.kpmg.com/IN/en/Topics/FICCI－Frames/Documents/FICCI－Frames－2014－The－stage－is－set－Report－2014.pdf，2014年11月19日，65-68页）。但是，多厅影院依然在印度电影工业中占据着特殊重要的位置。这是因为多厅影院在印度城市空间和阶级结构的变迁中被赋予了重要的象征意义。与中国类似，印度从20世纪90年代初开始实行新自由主义改革，终止了偏向社会主义的计划经济政策，以期将印度经济融入资本主义全球体系。在政府以及主流的公共话语期待当中，印度是正在崛起的经济力量，追赶世界领先国家，以最终实现现代化。这种欲望在有关都市建设的公共话语中表现得更为明显，如班加罗尔一直宣称要建设成为新加坡、孟买或者上海那样的国际化大都市（Gita Viswanath, 2007: 3289）。在这一系列雄心勃勃的以全球化为目标的都市更新和卫星城计划当中，多厅影院被视为商业和住宅地产发展的旗舰，是中产阶级新的休闲娱乐基础设施、现代性和追赶先进国家的标志，也是新崛起的中产阶级自豪感的来源。

为了扶持多厅影院的发展，印度政府一方面对传媒娱乐业进行去管制化改革，开放部分外国投资，并采取了相应的财税政策。首先，大规模减免多厅影院娱乐税。自殖民地时代以来，印度一直对娱乐业征收重税,绝大多数邦都对传统单座影院征收电影票面价 15%～60% 的娱乐税,考虑到影片的发行/制片方还要分得票面价的 30%,在娱乐税最重的邦,单座影院经营者只能从全部票房中获得 10% 的收入,抵扣掉水电、人员等经营成本,大部分单厅影院都是勉强维持。然而,为了激励多厅影院,以吸引中产阶级消费者,带动相关地产的发展,很多邦都为多厅影院制定了税收优惠政策,有些邦甚至取消了开业 5 年内所有的娱乐税。比如,印度西部的马哈拉施特拉邦对传统的单厅影院征收票面价 45% 的娱乐税,却减免多厅影院开业 3 年内的全部娱乐税,并在第四年和第五年只征收应征额的 25%(Athique and Hill, 2010: 51-52)。其次,取消多厅影院的票价限制。与计划经济时代的中国类似,印度政府为传统单座影院的票价制定了严格标准,但是允许多厅影院最高上调票价到传统单座影院均价的 6 倍(Athique and Hill, 2010: 51-52)。在 2013 年底,印度 4 个等级的电影院超级多厅影院、多厅影院、单厅影院和低级单厅影院平均票价分别为 239、127、96 和 56 卢比(KPMG, India Media and Entertainment Industry Report 2014, in https://www.kpmg.com/IN/en/Topics/FICCI-Frames/Documents/FICCI-Frames-2014-The-stage-is-set-Report-2014.pdf, 2014 年 11 月 19 日, 67 页)。

这些政策实际上造成了单厅影院普遍的经济困难,经营者无力更新数字化的放映设备、改善影院物质条件和提高视听体验,将原有的单厅影院改造为多厅影院更几乎是不可能的任务,而新增的多厅影院高度依赖于房地产建设。但近年经济发展速度减慢,多厅影院的发展也迟缓下来。2013 年,印度购物广场的倒闭使得至少 150 块多厅影院的银幕建设受阻。而且不断上涨的租金,使得很多开设在大城市的多厅影院利润微薄,较为富裕的中等城市多厅影院却因为租金相对低廉而获利更丰。一般情况下,小城市的租金比大城市低 50%,票价却只便宜 30%。因此,近年来印度院线倾向于在更低级的市场中开设新的多厅影院,以补贴大城市因租金上涨而带来的亏损。如 2013 年印度仅仅增加了 150～200 块多厅影院银幕,绝大部分增长都在 B 级以及 C 级市场(与中国一线、二线和三四线城市的划分类似,印度电影市场也划分了 A、B 和 C 级。（数据参见 KPMG, India MediaandEntertainmentIndustryReport2014, inhttps：//www.kpmg.com/IN/en/Topics/FICCI‐Frames/Documents/FICCI‐Frames‐2014‐The‐stage‐is‐set‐Report‐2014.pdf, 2014年11月19日, 68页）。多厅影院向更低级市场的扩张趋势，推动了多厅影院超出少数的全球化都市，而进入文化上非常多元的内陆市场。

2. 多厅影院的观影经验：阶级区隔与观众建构

与负载了中产阶级想象的多厅影院扩张相联系的，是印度电影工业的主要组成部分"宝莱坞"从20世纪90年代中期开始的"缙绅化"（中产阶级化）（gentrification）转型（Ganti, 2012：4），从底层英雄的传统风格和主题，转向投合熟悉全球化娱乐产品的中产阶级家庭观众的趣味，以宏大的场面、大明星展现中产阶级甚至是上层社会的生活和浪漫爱情故事，回避阶级差距。同时，整个电影工业对目标观众的想象，从占人口绝大多数的中低阶层，转向了正在崛起的中产阶级和全球化的离散印度裔观众。这又带来了海外取景、表现印度裔生活的影片的流行。

与世界上其他国家类似，印度多厅影院的兴起是为了应对新兴娱乐方式对传统电影工业的挑战。从20世纪80年代中期开始，因为电视及家庭影院设备的竞争，印度电影观众人次也在下降。但因经济条件的限制，电视和家庭影院设备仅在中产阶层普及，人口总量众多的中下层人士依然选择在单座影院中观看电影，印度电影工业并未如其他国家一样迅速做出反应以适应其他娱乐方式的挑战。但还是有一批电影人试图将中产阶级观众重新拉回影院，并在20世纪90年代中期接连推出几部以中上层社会的爱情生活为题材、仿照好莱坞的大制作，具有代表性的两部电影是 *Hum Aapke Hain Koun*！（*What Do I Mean to You*, 1994）和 *Dulhaniya Le Jayenge*（*The Brave Heart Will Take the Bride*, 1994），改变了中产阶级观众鄙视本土电影的刻板印象。然而，印度传统的单座影院，却不能为重新回到影院的中产阶级观众提供理想的观影环境，对于家庭和女性观众来说，尤其缺乏安全和卫生

(Ganti, 2012: 42-67)。

受西式"文明"观念熏陶的印度中产阶级观众认为传统单座影院过于"喧闹"和"野蛮",不适宜欣赏影片。时至今日,占印度银幕总数近80%的单座影院是可容纳1000～2000个座位的大厅,这使得印度虽然每百万人只有8块银幕,远远低于美国的117块,甚至少于中国,仍然能卖出世界上最多的电影票。巨大的影院空间曾经吸引了超越社会阶层和文化、种族的"大众"观众,但到了20世纪80年代,单厅影院的主体观众已经成为中低阶层的单身男性,他们形成了与发达国家迥异的观影模式:观众不是安静地坐在位置上等待电影情节的发展,而是以一种参与式的态度积极地投入。他们会随着情节的发展,在电影院里喊叫、吹口哨,并且向屏幕上的人物说话,会随着电影里的歌舞场面而唱歌跳舞。甚至在某些情况下,观众会掏出小刀等武器来向银幕挥舞,来支持、保护他们所支持的人物(Srinivas, 2002: 155-173)。

多厅影院为正在崛起的中产阶级提供了"干净而安全"的休闲娱乐场所,应和了"缙绅化"的电影工业重塑观众群体的需要,使得"去电影院"重新成为中产阶级的日常活动。这一新的观影空间也带来了西式的"文明"规范,它要求规范的着装,限制不"安全"和不"文明"的行为举止,使得观众安静地在座位上如同欣赏严肃舞台演出一样观看电影。同时,附设于郊区光鲜、整洁的购物广场的多厅影院也被视为全球化的中产阶级和都市文化的象征,饱含消费主义气息,与位于杂乱并人潮汹涌的旧商业区的单座影院形成鲜明对比,代表了一种更为现代化、国际化的休闲方式。一项针对印度IT业中心班加罗尔多厅影院的研究指出,观众选择在多厅影院中观看电影,除视听突出的视听效果之外,更看重的是干净、舒适的环境。其中男性观众喜欢多厅影院的卫生条件,而女性观众则更为偏爱行为得体的观众群体,认为他们不会像单座影院里过分激动的单身男性观众让人感到不安,父母也因为安全的原因更支持女儿去多厅影院而非单座影院(Viswanath, 2007: 3290-3291)。

多厅影院的兴起不仅再次改变了印度电影观众阶级构成的空间分

布，也影响了电影工业的形态。传统的印度电影工业要能满足跨越阶层的"大众"观众需求，而新建的多厅影院则催生了分众化的电影市场。在传统单座影院中，阶级差距根据不同位置的价格来划分，从低到高依次是大厅前排、大厅、楼座和包厢，但不同阶级的观众依然处于同一影院空间，共享一部电影。而印度多厅影院观众的主体是18~35岁的年轻人，主要是大学生和IT、办公室服务外包等朝阳产业的从业者，周末和傍晚场次中，家庭观众占了绝大部分（Viswanath, 2007：3290-3291）。按照印度的宽泛标准，他们都可以算在中产阶级的范围之内，中低收入阶层则被高昂的票价排除在多厅影院之外。这样，不同的阶级在空间上也被截然分开，形成了多厅影院和单座影院两个不同的观众群体，并深刻影响了20世纪末以来印度电影工业的发展。

3. 多厅影院电影：多元化与全球化

时至今日，影院仍然是印度电影工业的主要收入来源，左右着市场的格局。截至2013年底，影院发行占印度电影工业总收入的76%，其他收入主要来自于卫星和有线电视转播权，以及海外市场，特别是海外离散印度人市场（KPMG, India Media and Entertainment Industry Report 2014, inhttps://www.kpmg.com/IN/en/Topics/FICCI-Frames/Documents/FICCI-Frames-2014-The-stage-is-set-Report-2014.pdf, 2014年11月19日, 65-68页）。而在影院当中，单座影院没有像其他国家一样被多厅影院所取代，依旧是印度市场的重要力量。这就形成了印度国内单座影院和多厅影院两大市场，单座影院继续支撑着文化多元又具有本土特色的"大众"电影工业，以满足广大中低收入阶层需要，而多厅影院则开创了以具有全球化色彩、中产阶级品位的"分众"市场，只不过印度的"分众"是全球化的"大众"电影工业的一部分，而"大众"在全球范围内则是深具本土特色的"分众"。

在单座影院时代，应对国内极其丰富的语言和文化的多样性，印度电影市场划分了五个主要发行区域：孟买、德里/北部邦/东部邦、中部印度/拉贾斯坦邦、东部和南部，再划分 A 级、B 级、C 级市场，以区分文化和消费能力的差异。新上市的电影依据文化类型在不同发行区域内选择发行规模，并随着时间的流逝逐渐向下一级市场扩张（Ganti，2004：57－60）。但集团化运营的多厅影院突破了单座影院基于文化差异和经济发展水平而形成的放映时间差（Tejaswini Ganti，2004：47－48），强调其全国范围内的首映日和首周的推广活动（KPMG，India Media and Entertainment Industry Report 2014, in https：//www.kpmg.com/IN/en/Topics/FICCI－Frames/Documents/FICCI－Frames－2014－The－stage－is－set－Report－2014.pdf，2014 年 11 月 19 日，91 页）。这一均质化的市场行为的基础是逐渐兴起的中产阶级，他们尽管有着不同的文化背景，却共同向往现代化、全球化的生活方式和文化产品，而多厅影院的空间特质和其中放映的影片正满足了这种想象。

作为社会空间，印度的多厅影院与世界上其他地区一样，与全球化的中产阶级生活方式联系在一起，代表了消费主义的生活观念。但它给印度电影工业带来的，并不完全是好莱坞式样票房炸弹的泛滥，而是在一定程度上促进了印度电影的多元化。单座影院时代，为了填满 1000～2000 座的大厅，典型的印度电影必须能够跨越不同社会阶层品位，使用大明星和盛大歌舞场面，并启用各种情节常规，如设定大团圆的结局，选择出身底层但足智多谋的主人公，以穷人战胜富人的完满结局来弥合现实的社会裂痕，并且特别偏爱跨越阶级鸿沟的浪漫爱情（Ganti，2012）。然而，多厅影院相对较小的放映厅，不再要求跨越阶层的广泛观众，可以放映受众较少的电影，给印度电影以新的机会。

印度多厅影院本身甚至催生了一种专门为其观众而拍摄的电影，一般是中小成本制作，没有大明星，使用新的演职人员，也没有印度电影中典型的歌舞场面和各种情节常规，强调故事情节和叙事技巧的创新，并直面印度的现实问题，直接呼应了印度历史上的"平行电影"传统。这类电影所设定的目标观众是在日常生活中通过卫星电视和网络，熟悉全球化的电视节目类型和好莱坞电影的中产阶级。它们往往使用英文标题，其情节和主要的人物都是围绕着中产和中上层人士的生活和忧虑。内容上大致可以分为两类，一类处理主流电影之外的敏感政治议题，并围绕边缘人物展开故事；另一类讲述可以引起中产阶级认同的故事。这些电影业不使用明星，也没有大规模的宣传发行活动，而主要依赖口碑生存。

然而，多厅影院带动的这种专门为"理想的"中产阶级观众生产的"分众"电影只占全部放映时间的5%左右，在经济和文化上都是边缘的。而真正凭借多厅影院取得优势地位的则是占据80%放映时间的宝莱坞主流商业电影及占据15%放映时间、艰难挤进印度市场的好莱坞及其他全球化娱乐大片（KPMG, India Media and Entertainment Industry Report 2014, in https：//www.kpmg.com/IN/en/Topics/FICCI-Frames/Documents/FICCI-Frames-2014-The-stage-is-set-Report-2014.pdf, 2014年11月19日）。虽然通常情况下往往以"宝莱坞"来指代印度电影工业，但因为印度不同区域之间的文化与语言存在极大差异，"宝莱坞"事实上只涵盖了以孟买为中心的印地语电影，每年生产200部左右电影，相对于年产量900部的印度电影业，数量很小。但是，宝莱坞相对于其他地区有着更高的制作水平，更能超越印度多元本土文化之间的差异，不仅在国内市场上占据了远远超过其数量比例的票房份额，现在也成为国际媒体和学术界中印度电影工业的代表。但宝莱坞这一绝对优势地位却20世纪90年代中期才最终确立。主要原因是宝莱坞在国内电影市场上最先开始了"缙绅化"转型，迎合了新崛起的中产阶级观众，而借助同一时间兴起的多厅影院体系在全国的扩张，它超越了国内市场原有发行区域的限制，吸引了全国范围内的中产阶级，巩固了国内市场上的统治地位。不过，因为还有广大无力负担其他娱乐方式的中低收入群体的存在，印度的单座影院因为票价低廉，并没有像世界上其他地区那样迅速地衰落下来，而是继续放映中产阶级观众所不愿观看的具有强烈本土性和市井色彩的影片，在一定程度上保存了印度电影工业文化和语言上的多元性。

多厅影院激发的中产阶级影片和宝莱坞商业大片在全球语境中，

是中产阶级的主流品位，并且在一定程度上影响了印度电影独特的表达方式，使其具有"全球化"的通俗面貌。传统的印度电影没有明确的类型规范，而总是挑战类型的观念。这使得从西方观点看来，印度电影往往将剧情、喜剧和特效大片混合在一起而具有后现代的拼贴风格。但是多厅影院的兴起，却使得印度电影的类型特征日益明显。因为同一空间中银幕的增加，需要提供多元化的选择来吸引目标观众，而不是在一块银幕上满足所有观众的需要，而且放映片目的增加也使得动作、爱情、喜剧等清晰的类型划分更方便观众迅速选择适合自己口味的电影。这使得从20世纪90年代开始，非类型化的印度电影开始出现类型化的趋势。

四、结　语

尽管"建构性审查"范式源自于西方社会内部，处理的是国家直接干预基本消失，审查运作网络化、隐蔽化的情况，与中国的情况非常不同。然而，资本已经成为影响现今中国电影工业发展、左右内容选择的重要因素，并与国家力量之间同时存在对抗与共谋的关系。对于中国电影管理政策的研究来说，这一范式同样具有借鉴意义。

而正如列斐伏尔所说，空间在塑造文化和经济的同时，也在被文化和经济的力量所塑造（Lefebvre, 1991）。多厅影院的出现既影响了电影工业的发展轨迹，同时也被其所处的具体文化和社会政治经济状况所左右，而生产不同的意义。如中国多厅影院的兴起与普及，虽然宏观上来说亦是都市消费文化崛起的结果，但首先受到文化体制改革政策的刺激，并极大地得益于地产业的兴盛。而印度的情况又不尽相同。20世纪80年代至90年代中期前，印度电影曾面临中产阶级观众流失和在精英文化界声名日下的低谷，但是，与中国电影市场的全面萎缩相比，仍然拥有庞大的中低阶层的观众。这一独特的观众群体使得印度传统的单座影院并没有如中国的国有电影放映单位（电影院、单位礼堂、工人文化宫、农村集镇影院和流动电影放映队）一样陷入普遍的经济危机，也没有像世界上其他地区一样几乎全面为多厅影院所取代。其中主要原因是印度多厅影院的兴起在相当程度上是政府新自由主义经济政策有意扶持的结果，代表了政府和电影工业自身对全球化中产阶级观众及其文化品位的渴望，投射了印度崛起为全球新兴力量的文化想象，而印度电影观众作为一个整体尚且缺乏支撑以多厅影院为主的电影市场的经济能力，同时传统的单座影院继续为广大中低收入观众提供价廉物美的日常消遣。这就形成了印度多厅影院与单座影院并存的局面，并成为社会阶级鸿沟的表现之一。而与世界上其他地区多厅影院往往代表了占人口大多数的"大众"趣味不同，印度的多厅影院更多地与占人口少数的新兴中产阶级趣味相联系，吸引了多元化的小众群体，为不同于主流印度商业片趣味的电影提供了生存空间，这些电影既包括印度电影工业自身的探索，也包括以好莱坞为主的进口电影。只是在印度语境中的多元和小众，恰恰是全球中产阶级的主流品位，也是在这个意义上，为多厅影院生产的电影，成为具有强烈本土文化特色的印度电影工业拥抱全球化的先锋。

参考文献

Arnold, M. 1960. *Culture and Anarchy* [M]. Cambridge: Cambridge University Press.

Athique, A. and Hill, D. 2010. *The Multiplex in India: A Cultural Economy of Urban Leisure* [M]. New York: Routledge.

Barker, M., Arthurs, J., & Harindranath, R. 2001. *The Crash Controversy: Censorship Campaigns and Film Reception* [M]. London, New York: Wallflower Press.

Barker, C. 2000. *Cultural Studies: Theory and Practice* [M]. London: Sage

Baudrillard, J. 1983. *Simulations* [M]. New York: Semiotext (e).

Baudrillard, J. 1988. Simulacra and Simulations [A]. In M. Poster (ed.). *Jean Baudrillard: Selected Writings* [C]. Cambridge: Polity.

Bayness, K., Bohman, J. & McCathy, T. 1987. Question of Method: An Interview with Michel Foucault [A]. In K. Bayness, J. Bohman & T. McCathy (eds.). *After Philosophy: End or Transformation?* [C]. Cambridge: MIT Press.

Bennet, T. 1992. Putting Policy into Cultural Studies [A]. In L. Grossberg, C. Nelson and P. Treichler (eds). Cultural Studies [C]. London and New York: Routledge,

Bennet, T. 1998. Culture: A Refromer's Science [M]. St Leonards, NSW: Allen& Unwin,

Berger, J. 1972. *Ways of Seeing* [M]. New York: Penguin.

Berger, P. L. & T. Luckmann. 1966/67. *The Social Construction of Reality: A Treatise in the Sociology of knowledge* [M]. London: The Penguin Press.

Biltereyst, D., Maltby, R. & Meers, P. 2011. *Explorations in New Cinema History: Approaches and Case Studies* [M]. Malden, MA: Wiley – Blackwell.

Black, G. 1994. *Hollywood Censored: Morality Codes, Catholics and the Movies* [M]. Cambridge England: New York, NY: Cambridge University Press.

Blommaert, J. B. 2005. *Discourse: A Critical Introduction* [M]. Cambridge: Cambridge Unversity Press.

Bloom, H., et al. 1979. *Deconstruction and Criticism* [M]. London: Routledge & Kegan Paul.

Bose, N. 2009. The Hindu Right and the Politics of Censorship: Three Case Studies of Policing Hindi Cinema, 1992 – 2002 [J]. *The Velvet Light Trap*, (63).

Bourdieu, P. 1984. *Distinction: A Social Critique of the Judgement of Taste* [M]. Cambridge: Harvard University Press.

Bourdieu, P. 1991. *Language and Symbolic Power* [M]. Cambridge: Harvard University Press.

Bourdieu, P. 1991. *Language and Symbolic Power* [M]. Translated by John Thompson. Cambridge: Polity Press.

Butler, J. 1998. Ruled Out: Vocabularies of the Censor [A]. In C. Post Robert (ed.). *Censorship and Silencing: Practices of Cultural Regulation* [C]. Los Angeles: Getty Research Institute for the History of Art and the Humanities, 247 – 260.

Cahoone, E. L. 2003. *From Modernism to Postmodernism: An Anthology* [M]. Malden: Blackwell Publishers.

Chesebro J. W. and Bertelsen D. A. 1996. *Analyzing Media:*

Communication Technologies as Symbolic and Cognitive Systems [M]. New York: Guilford.

Corbusier, L. 1927. F. Etchells, (Trans). *Toward a New Architecture* [M]. London: John Rodker.

Cronin, T. 2009. Media Effects and the Subjectification of Film Regulation [J]. *The Velvet Light Trap*, (63).

Cubitt, S. 1998. *Digital Aesthetics* [M]. London: Sage.

David, W. 1999. Public Funding for Science and Art: Censorship, Social Harm and the Case of Genetic Research into Crime and Violence [A]. In Robert Post (ed.). *Censorship and Silencing: Practices of Cultural Regulation* [C]. Los Angeles: Getty Publications. 169 – 194.

Davis, D. and Yeh, Y. Y. 2009. Warning! Category Ⅲ: The Other Hong Kong Cinema [J]. *Film Quarterly*, 54 (4).

Debord, G. 1977. *The Society of the Spectacle* [M]. London: Black and Red.

Derrida, J. 1976. *Of Grammatology* (trans. G. Spivak) [M]. Baltimore: The John Hopkins University Press.

Derrida, J. 1978. *Writing and Difference* [M]. Chicago: University of Chicago Press.

Dikovitskaya, M. 2002. A Look at Visual Studies [J]. *Afterimage*. (Mar/Apr, Vol. 29 Issue 5). New York: Council on the Arts.

Ding, J. X. 2012. *Grammar as Culture: An Anthropological Interpretation of Hallidayan Linguistics* [M]. Paper read at the International Research Conference in Global Studies on "China and the West – Two Cultures, One Civilization?" Stony Brook Institute for Global Studies in Stony Brook University.

Dwyer, T., & Uricaru, I. 2009. Slashings and Subtitles: Romanian Media Piracy, Censorship and Translation [J]. *The Velvet Light Trap*, (63).

Eliot, T. S.. 1949. *Notes Towards the Definition of Culture* [M]. New York: Harcourt, Brace.

Evans, D. 1996. *An Introductory Dictionary of Lacanian Psychoanalysis* [M]. New York: Routledge.

Fairclough, N. 1992. *Discourse and Social Change* [M]. Cambridge: Polity Press.

Featherstone, M. 2007. *Consumer Culture and Postmodernism* [M]. Sage Publications.

Feuerbach, 1989. *The Essence of Christianity* [M]. New York: Prometheus Books.

Foucault, M. 1991. *The Foucault Effect: Studies in Governmentality: With Two Lectures by and an Interview with Michel Foucault* [M]. Chicago: University of Chicago Press.

Foucault, M. 1972. *The Archaeology of Knowledge* [M]. New York: Pantheon.

Foucault, M. 1973. *The Birth of the Clinic* [M]. London: Tavistock.

Foucault, M. 1977. *Discipline and Punish: The Birth of Prison* [M]. Translated by A. Sheridan. London: Allen Lane.

Foucault, M. 1979. *Discipline and Punish: The Birth of the Prison* [M]. New York: Vintage.

Foucault, M. 1979. *The History of Sexuality* [A]. Vol. 1: The Will to Truth [M]. London: Tavistock Publications.

Foucault, M. 1980. *Power/Knowledge: Selected Interviews and Other Writings*, 1972 – 1977 [C]. New York: Pantheon,

Foucault, M. 1984. Nietzsche, Genealogy, History [A] in P. Rabinow (ed.) The Foucault Reader [C]. New York: Pantheon.

Foucault, M. 1984. On the Genealogy of Ethics: An Overview of Work in Progress [A]. *The Foucault Reader* [C]. New York: Pantheon.

Freshwater, H. 2004. Towards a Redefinition of Censorship [A]. In Beate Muller (ed.). *Cultural Studies: Censorship & Regulation in the*

Modern Age [C]. New York: Rodopi.

Ganti, T. 2012. *Producing Bollywood: Inside the Contemporary Hindi Film Industry* [M]. Durham: Duke University Press.

Gardner, G. 1987. *The Censorship Papers: Movie Censorship Letters from the Hays Office*, 1934 *to* 1968 [M]. New York: Dodd, Mead.

Geertz, C. 1973. *The interpretation of cultures: Selected essays* [C]. Basic Books.

Geertz, C. 1983. *Local Knowledge: Further Essays in Interpretive Anthropology* [M]. New York: Basic Books.

Grieveson, L. 2004. *Policing Cinema: Movies and Censorship in Early Twentieth Century America* [M]. Berkeley: University of California Press.

Guan, T. ed. 2013. *Film Censorship in the Asia - Pacific Region: Malaysia, Hong Kong, and Australia Compared* [M]. Abingdon, Oxon, New York: Routledge.

Hall, S. 1977. Culture, the Media and the Ideological Effect [A] in Hall S, Curran J, Gurevitch M, et al. (eds). *Mass Communication and Society* [C]. London: Edward Arnold.

Hall, S. 1981. Encoding/Decoding [A]. In S. Hall, D. Hobson, A. Lowe and P. Willis (eds) *Culture, Media, Language* [C].. London: Hutchinson.

Hall, S. 1992. The Question of Cultural Identity [A]. In S. Hall, D. Held and T. McGrew (eds). *Moedrnity and Its Futures* [C]. Cambridge: Polity Press.

Hall, S. 1996. On Postmodernism and Articulation: An Interview with Stuart Hall [Z]. In D. Morley and D - K. Chen (eds) *Stuart Hall* [M]. London: Routledge.

Hall, S., Critcher C, Jefferson T, et al. 1978. *Policing the Crisis: Mugging, the State, Law and Order* [M]. London: Macmillan.

Hall, S. 1980. Encoding/Decoding [A]. In Hall, S. *et al. Culture,*

Media, Language [C]. London: Hutchinson.

Hall, S. 1996. Gramsci's Relevance for the Study of Race and Ethnicity [Z]. In D. Morley and D. - K. Chen (eds) *Stuart Hall* [M]. London: Routledge.

Hall, S. 1996. Who Needs Identity? [A]. In S. Hall and P. Du Gay (eds) *Questions of Cultural Identity* [C]. London: Sage.

Hall, S. 1997. The Work of Representation [A]. In S. Hall (ed.) *Representations* [C]. London and Thousand Oaks, CA: Sage.

Halliday, M. A. K. 1978/2001. *Language as Social Semiotic: The Social Interpretation of Language and Meaning* [M]. London: Arnold/ Beijing: Foreign Languages Teaching and Research Press.

Halliday, M. A. K. 1984. *Language As Social Semiotic: The Social Interpretation of Language and Meaning* [M]. London: Heinemann.

Henriques, J., Hollway, W., Urwin, C., Venn, C. and Walkerdine, V. 1984. *Changing the Subject: Psychology, Social Regulation and Subjectivity* [M]. London: Metheun.

Himmelfarb, G. 1994. *On Looking into the Abyss: Untimely Thoughts on Culture and Society* [M]. New York: Alfred A. Knopf.

Hodge, R. & G. Kress. 1979/93. *Language as Ideology* (2nd ed.) [M]. London & New York: Routledge.

Jameson, F. 1991. *Postmodernism, or, the Cultural Logic of Late Capitalism* [M]. Durham, NC: Duke University Press.

Jameson, F. 1994. *The Seeds of Time* [M]. New York: Columbia University Press.

Jameson, F. 1998. *The Cultural Turn: Selected Writings on the Postmodern, 1983 - 1998* [M]. London & New York: Verso

Jancovich, M. and Faire, L. 2003. The best place to see a film: the blockbuster, the multiplex, and the contexts of consumption [A]. In Julian Stringer (ed.). *Movie blockbusters* [C]. London: Routledge.

Jencks, C. 1977. *The Language of Post - Modern Architecture* [M]. New

York: Rizzoli.

Kenna, L. 2009. Exemplary Consumer – Citizens and Protective State Stewards: How Reformers Shaped Censorship Outcomes regarding the Untouchable [J]. *The Velvet Light Trap*, (63).

Kristeva, J. 1986. Word, Dialogue and Novel [A]. In Toril Moi (ed.). *The Kristeva Reader* [C]. Oxford: Blackwell Publisher Ltd.

Kroeber, A. L. & C. Kluckhohn. 1952. *Culture: A Critical Review of Concepts and Definitions* [M]. Cambridge: Peabody Museum.

Kuhn, A. 1988. *Cinema, Censorship and Sexuality*, 1909 – 1925 [M]. New York: Routledge.

Kumar, K. 1987. *Utopia and Anti – utopia in Modern Times* [M]. Oxford: Blackwell.

Laikwan, P. 2011. The State Against Ghosts: A Genealogy of China's Film Censorship Policy [J]. *Screen*, 52 (4).

Lash, S. 1990. *Sociology of Postmodernism* [M]. London: Routledge.

Lefebvre, H. 1991. *The Production of Space* [M]. Oxford: Blackwell.

Lewis, J. 2000. *Hollywood V. Hard Core: How the Struggle Over Censorship Saved the Modern Film Industry* [M]. New York: New York University.

Lyons, C. eds. 1997. *The New Censors: Movies and Culture Wars* [M]. Philadelphia: Temple University Press.

Lyotard, J. F. 1986. Rules and paradoxes or svelte appendix [J]. *Culture Critique*, (5): 209 – 219.

Maltby, R. 2011. New Cinema Histories [A]. In Richard Maltby, Daniel Biltereyst and Philippe (eds.). Meers *Explorations in New Cinema History* [C]. Chichester: Wiley – Blackwell.

Marx, K. 1961. *Karl Marx: Selected Writings in Sociology and Social Philosophy* [C]. T. Bottomore and M. Rubel (eds.). London: Pelican.

McGuigan, J. 1997. *Cultural Methodologies* [M]. London: Sage

Mehta, M. 2011. *Censorship and Sexuality in Bombay Cinema* [M]. Austin: University of Texas Press.

Mitchell, W. J. T. 1995. What Is Visual Culture? [A]. In Irving Lavin (ed.). *Meaning in the Visual Arts: Views from the Outside* [C]. Princeton: Institute for Advanced Study.

Muller, B. 2004. Censorship and Cultural Regulation: Mapping the Territory [A]. In Beate Muller (ed.). *Cultural Studies: Censorship & Regulation in the Modern Age* [C]. New York: Rodopi.

Nicholson, L. (ed.) 1990. *Feminism/Postmodernism* [C]. London & New York: Routledge.

Oma, R. K. & Mau, B. 1995. *S, M, L, XL* [M]. Rotterdam: Monacelli.

Post, R. 1998. *Censorship and Silencing: Practices of Cultural Regulation* [M]. Los Angeles: Getty Publications.

Randall, R. ed. 1986. *Censorship of the Movies: The social and Political Control of a Mass Medium* [M]. Madison: University of Wisconsin Press.

Rousseau, J-J. 1967. *The Social Contract and Discourse on the Origin of Inequality* [C]. L. G. Grocker (ed.). Washington: Washington Square Press.

Sacks, H. 1995. *Lectures on Conversation* [M]. G. Jefferson (ed.). Oxford: Blackwell.

Sanford, L. 1998. The Tutelary State: Censorship, Silencing and the Practice of Cultural Regulation [A]. In Robert Post (ed.). *Censorship and Silencing: Practices of Cultural Regulation* [C]. Los Angeles: Getty Publications, 195-220.

Sardar, Z. & van Loon, B. 1998. *Culture Studies for Beginners* [M]. Cambridge: Icon Books.

Schroeder, J. E. 2002. *Visual Consumption* [M]. London: Routledge.

Sontag, S. 1989. *On Photography* [M]. New York: The Noonday Press.

Spencer, P. (ed.). 1990. *Anthropology and the Riddle of the Sphinx: Paradoxes of Change in the Life Course* [M]. London: Routledge.

Srinivas, L. 2002. The active audience: spectatorship, social relations and the experience of cinema in India [J]. *Media, Culture & Society*, 24 (2).

Tudor, A. 1999. *Decoding Culture: Theory and Method in Cultural Studies* [M]. London: Sage.

Turner, B. 1996. *The Body and Society* [M]. London: Sage.

Tylor, E. B. 1871. *Primitive Culture: Researches into the Development of Mythology, Philosophy, Religion, Art, and Custom* [M]. Vol. 1. London: John Murray.

Tylor, E. B. 1874. *Primitive Culture: Research into the Development of Mythology, Philosophy, Religion, Language, Art and Custom* [M]. Boston: Estes and Lauriat.

Viswanath. 2007. The Multiplex: Crowd, Audience and the Genre Film [J]. *Economic and Political Weekly* (Aug 11 – 17).

Weedon, C. 1997. *Feminist Practice and Poststructuralist Theory* [M]. Oxford: Blackwell.

White, M. & Schwoch, J. 2006. *Questions of Method in Cultural Studies* [M]. Malden: Wiley – Blackwell.

Williams, R. 1965. *The Long Revolution* [M]. London: Penguin.

Williams, R. 1976/85. *Keywords: A Vocabulary of Culture and Society* (revised ed.) [M]. New York: Oxford University Press.

Williams, R. 1981. *Culture* [M]. London: Fontana.

Williams, R. 1983. *Keywords: A Vocabulary of Culture and Society* (2nd edition) [M]. London: Fontana,

Williams, R. 1989. *Resources of Hope* [M]. London: Verso.

Williams, R. 1993. Culture Is Ordinary [A]. In Ann Gray and Jim McGuigan (eds.). *Studying Culture: An Introductory Reader* [C]. New York: Routledge.

Xiao, Z. W. 1994. *Film Censorship in China*, 1927 – 1937 [D]. University of California, San Diego.

阿兰·谢里登. 1997. 求真意志：密歇尔·福柯的心路历程 [M]. 尚志英，许林，译. 上海：上海人民出版社.

安·格雷. 2009. 文化研究：民族志方法与生活文化 [M]. 许梦云，译. 重庆：重庆大学出版社.

保罗·利科. 2012. 诠释学与人文科学：语言、行为、解释文集 [M]. 孔明安，张剑，李西祥，译. 北京：中国人民大学出版社.

贝拉·巴拉兹. 1979. 电影美学 [M]. 何力，译. 北京：中国电影出版社.

本雅明. 1993. 机械复制时代的艺术作品 [M]. 杭州：浙江摄影出版社.

本雅明. 1999. 讲故事的人 [A]. 参见陈永国，等，编. 本雅明文选 [C]. 北京：中国社会科学出版社.

本雅明. 2012. 波德莱尔·发达资本主义时代的抒情诗人 [M]. 南京：译林出版社.

波德里亚. 2000. 消费社会 [M]. 南京：南京大学出版社.

柏拉图. 2000. 斐多 [M]. 杨绛，译. 辽宁：辽宁人民出版社.

波斯特. 2000. 第二媒介时代 [M]. 南京：南京大学出版社.

大卫·哈维. 2003. 后现代状况 [M]. 阎嘉，译. 香港：商务印书馆.

丹尼尔·贝尔. 1989. 资本主义文化矛盾 [M]. 北京：三联书店.

丹尼·卡瓦拉罗. 2006. 文化理论关键词 [M]. 张卫东，等，译. 江苏：江苏人民出版社.

笛卡尔. 1986. 第一哲学沉思集 [M]. 庞景仁，译. 北京：商务图书馆.

丁建新. 2010. 作为社会符号的"反语言"[J]. 外语学刊，(2).

费斯克. 2001. 理解大众文化 [M]. 北京：中央编译出版社.

菲斯克. 2001. 解读大众文化 [M]. 南京：南京大学出版社.

费勇，林铁. 2013. 文化研究的人类学面向 [J]. 中央民族大学学报，

(2): 77-82.

福柯. 2003. 规训与惩罚 [M]. 北京: 三联书店.

弗雷德里克·詹姆逊. 2000. 胡亚敏等译. 文化转向 [M]. 北京: 中国社会科学出版社.

怀特·莱斯利. 1988. 文化的科学 [M]. 沈原, 等, 译. 济南: 山东人民出版社.

罗钢, 刘象愚. 2000. 文化研究读本 [M]. 北京: 中国社会科学出版社.

贡布里希. 1987. 艺术与错觉 [M]. 杭州: 浙江摄影出版社.

哈贝马斯. 1999. 公共领域的结构转型 [M]. 曹卫东, 等, 译. 上海: 学林出版社.

哈贝马斯. 2004. 交往行为理论 (第一卷) [M]. 曹卫东, 译. 上海: 上海人民出版社.

海德格尔. 1987. 存在与时间 [M]. 陈嘉映, 王庆节, 译. 北京: 三联书店.

海德格尔. 1996. 世界图像时代 [A]. 参见孙周兴, 编. 海德格尔选集 [C]. 上海: 上海三联书店.

海德格尔. 1999. 在通向语言的途中 [M]. 孙周兴, 译. 北京: 商务印书馆.

胡塞尔. 2007. 现象学的观念 (五篇讲座稿) [M]. 倪梁康, 译. 北京: 人民出版社.

黄卓越. 2011. 由方法的角度而观文化研究 [J]. 社会科学家, (7): 8-14.

卡西尔. 1985. 人论 [M]. 上海: 上海译文出版社.

拉康. 2005. 视觉文化的奇观: 视觉文化总论 [M]. 吴琼, 译. 北京: 中国人民大学出版社.

理查德 (豪厄尔斯. 2014. 视觉文化 [M]. 葛红兵, 等, 译. 南京: 译林出版社.

刘放桐等. 2000. 新编现代西方哲学 [M]. 北京: 人民出版社.

陆扬. 2012. 文化研究导论 [M]. 北京: 高等教育出版社.

罗杰·弗莱. 1937. 一篇有关美学的文章［C］. 哈芒斯沃斯编. 视觉和设计［A］. Pelican Books.

罗杰·斯克鲁顿. 1984. 美学理解［M］. 伦敦：Methuen.

罗兰·巴尔特. 1988. 符号学原理［M］. 李幼蒸，译. 北京：三联书店.

吕红周，单红. 2014. 斯捷潘诺夫的符号学思想阐释［J］. 天津外国语大学学报，(6).

马克思，恩格斯. 2009. 马克思恩格斯文集（第1卷）［M］. 北京：人民出版社.

麦克卢汉. 2000. 理解媒介［M］. 北京：商务印书馆.

米歇尔·福柯. 2011. 性经验史（增订版）［M］. 佘碧平，译. 上海：上海人民出版社.

尼采. 1984. 快乐的科学［M］. 台北：志文出版社.

尼采. 1992. 查拉图斯特拉如是说［M］. 北京：商务印书馆.

尼采. 1997. 苏鲁支语录［M］. 徐梵澄，译. 北京：商务印书馆.

佩里·安德森. 2008. 后现代性的起源［M］. 紫辰，合章，译. 北京：中国社会科学出版社.

瑞泽尔. 2003. 后现代社会理论［M］. 北京：华夏出版社.

沈文静. 2016. 青少年二次元话语空间的建构——以《发条橙》为例［J］. 天津外国语大学学报. 即将出版.

史蒂文·康纳. 2007. 后现代主义文化：当代理论导引［M］. 严忠志，译. 北京：商务印书馆.

斯蒂芬·贝斯特，道格拉斯·科尔纳. 2002. 后现代转向［M］. 陈刚，等，译. 南京：南京大学出版社.

索绪尔. 1996. 普通语言学教程［M］. 高明凯，译. 北京：商务印书馆.

陶东风. 2006. 文化研究精粹读本［M］. 北京：中国人民大学出版社.

陶东风，和磊. 2006. 文化研究［M］. 桂林：广西师范大学出版社.

汪民安，陈永国. 2011. 后身体：文化、权利和生命政治学［C］.

吉林：吉林人民出版社.

王其钧. 2007. 后现代建筑语言［M］. 北京：机械工业出版社.

王晓路. 2011. 文化批判：为何与何为［J］. 文艺理论研究，（3）：8 –13.

西蒙·弗里斯. 2012. 后记. 参见安迪·班尼特，基思·哈恩–哈里斯（主编）. 亚文化之后：对于当代青年文化的批评研究［M］. 中国青年政治学院青年文化译介小组，译. 北京：中国青年出版社.

约翰·斯道雷. 2001. 文化理论与通俗文化导论［M］. 杨竹山，等，译. 南京：南京大学出版社.

约瑟夫·纳托利. 2004. 后现代性导论［M］. 潘非，等，译. 南京：江苏人民出版社.

周宪、许钧. 2008. 总论. 选自菲利普·史密斯. 文化理论：导论［M］. 张鲲，译. 北京：商务印书馆.

张健. 香港社会政治觉醒的动因：阶级关系、参政需求、族群认同［J］. 二十一世纪，2015（1）.

张之沧. 2008. 对身体的整体思考［J］. 湖南社会科学，（5）.

周宪. 2008. 视觉文化的转向［M］. 北京：北京大学出版社.

牛津出版社网站：http：//www. oupchina. com. hk/

香港大学比较文学系：http：//www. complit. hku. hk/

香港大学语言与文化研究所：http：//www. hkstudy. hku. hk/newsevents. html

香港大学中文学院网站：http：//web. chinese. hku. hk/main/

香港浸会大学媒介与传播研究中心：http：//www. comm. hkbu. edu. hk/cmcr/event_1d. html

香港岭南大学文化研究系：http：//www. ln. edu. hk/cultural/

香港中文大学出版社网站：https：//www. chineseupress. com/

香港中文大学文化研究系：https：//culturalstudiescuhk. wordpress. com/

附录一：2014 年香港区域文化动态

一、引　言

对于香港来说，2014 实在是不平静的一年。因 2017 "普选"政改方案选择引发的"占中"活动，也是长久以来香港社会危机的集中爆发。身处香港，时常可以感受到周边社会的撕裂、对缺乏希望的未来的焦虑、强烈的被剥夺感以及投身于时代潮流的崇高感。这正是文化研究介入现实、解释世界和改变世界的历史时刻，它也的确为社会运动提供了理论基础和舆论资源，更有文化研究学者直接参与社运，而且文化研究专业及其课程也的确培养了社会运动的积极参与者，并为大学中社运思想的传播起到了推动作用。这又激发了文化研究的本土问题意识，而不再单纯紧跟英文学界的潮流。文化研究的现实关怀直接体现在这一年学术活动的议题分布上：国族身份、资本主义批判、少数群体权益与多元文化成为研究的焦点。其中值得特别注意的是，一直以高度"自由化"的经济环境自傲的香港，因为近年来发展空间的日益窘迫，中低阶层切身感受到资本集团的压迫与掠夺，对资本和新自由主义的批判也逐渐普遍，甚至阶级话语也重现于大众传媒。但也许是因为现实的负担过于沉重，某些研究带有借题发挥的性质，没有真正发挥学术研究的反思功能。比如，文化研究一向坚持的多元文化身份，难免在社运中变成对民粹化本土意识不加分辨的本质化论证，从而建构起中心—边缘、自我—他者的二元对立。也许，虽然香港的文化研究学者在学术共同体内部仍然可以保持惯有的理性持中，但作为一个普通的香港公民，其在大众传媒上其立场却容易激化。如以"勾结式殖民主义"的研究深入香港历史的罗永生，其报刊文章集结成书的《殖民家国外》也成为"本土派"先锋[①]。

二、社会运动与身份政治

近年来香港的文化研究对现实的介入愈加深刻，其大部分议题都是对现实问题的直接或间接回应。如果不熟悉近年香港社会运动的基本状况，很难真正理解这些研究背后的真正关怀。2014年爆发的"占中运动"事实上是香港十余年来社会运动发展的结果与高潮。随着全球化的发展和中国大陆经济的崛起，香港自由放任的经济模式导致了占其人口绝大多数的中产和底层人士日益陷入相对乃至绝对贫困，这些都使得普通香港人特别是青年学生感到当前政治和经济制度不可持续，而意识到必须争取到对政治和其他公共事务的发言权来维护自身利益。同时也对新自由主义的生活方式产生了批判意识，反对大资本和经济发展至上的观念。此外，内地和香港频繁的交流以及商业化大众媒体的炒作、夸大，也使得内地与香港之间的所谓"文化矛盾"日益激化，再加上本地因政改等一系列问题对中央政府产生的不信任感，又催生了部分香港人对"中国人"身份的疏离和建构所谓"香港民族"构想。可以说，近年来的香港社会运动体现出阶级、民主和民族的三重面貌（张健，2015）对应了文化研究对身份

---

① 所谓"本土派"是香港近年新兴起的一个政治和学术派系。一般主张香港脱离中国的支配及控制，反对大陆和香港融合、要求香港人优先享有基本社会福利的权益，反对给予福利予居港未满7年的新移民，等等。本土派有多个分支，有主张严格实行港人治港及高度自治的自治派，主张香港城邦自治运动及建立"华夏邦联"（中国大陆、台湾、香港及澳门）的城邦派，以及主张香港独立运动的独立派，等等。其在学术界的代表人物及其作品有：陈云《香港城邦论 I》、《香港城邦论 II》《香港遗民论》《身土不二·中港超限战》，罗永生《殖民家国外》，学苑《香港民族论》，李怡《香港思潮——本土意识的兴起与争议》，黄毓民《本土、民主、反共》。

政治的关注。

与反资本霸权的阶级运动与争取普选的民主运动相比,"香港人"的身份政治更为复杂和纠结,并在前两项运动的衬托下于2014年登上前台。这一年2月号香港大学学生会刊物《学苑》以"香港民族、命运自决"为封面主题,邀集数位作者讨论"作为民族的香港人"这一话题。认为"香港人"已经在文化和政治上成为一个"独立民族"而实现"民族自决"。虽然这一讨论本身在香港社会并没有获得太大的支持,即使是被视为香港"本土派"的陈云在《香港城邦论》中也反对独立诉求。但是,这个讨论本身却是学界第一次正面地回应香港民间已经流行很久的"港独"、"香港人"优先等极右翼民粹活动。尽管这些团体规模不大,但是能引来商业化大众媒体的炒作、扩散本身,已经说明他们迎合着很多香港人的隐秘愿望。2014年3月,末代港督彭定康到访香港,有部分打着港英旗帜的香港人前往迎接,与其说是"恋殖",不如说是对香港特殊及独立身份的执着。

三、学术会议

这一年,香港举办了7次涉及文化研究相关议题的大型国际研讨会,其中有6次直接回应了社会运动中最为关切的阶级、民主及民族议题。

香港中文大学2014年4月4日举办的"中国的边缘与边界"工作坊缘起于对香港社会来说至关重要的议题"中港关系",这些香港学者希望能够持续在香港开拓关于中国的边缘论述,并通过讨论提供想象和实践香港城市发展模式的新视角,以跳出某种狭义的本土观。会议主办方认为深入探讨边界问题,可以了解中国的边缘和边界的生存状态,也可以展示香港一向坚持的开放和多元信念的重要性。尽管作为个体的教师有自己的立场,但作为学术研究,工作坊希望能够提供一个开放的平台:"通过边缘和边界的角度,探讨中国发展成为一个多元国家的可能。如果今天的中国需要学习大国的自处,国家必须正视各种边缘生存状态的在地性和物质性:只有尊重人民动态的内在复杂性及歧义状态,只有不懈地为各种边缘社群提供最佳的生活文化土壤,我们才可以正面地面对将来"("中国的边缘与边界"工作坊,https://culturalstudiescuhk.wordpress.com/2014/03/10/workshop/,2015年5月5日)。

尽管会议发表的文章差异很大,但还是为这些学者提供了交流的平台,特别是讨论部门展现了更多丰富的日常经验。这一工作坊共分为四个议题。第一个议题为"在历史与边界"议题下。孙歌以《边缘的意义》为题分析了冲绳诗人川满信一所起草的《琉球共和社会宪法草案》,探讨如何跳出中心—边缘的二元议题。中山大学历史系教授程美宝的研究题目为《"大陆(的)"与"香港(的)":因边界而制造的边缘》,追溯香港与内地之间的边界与历史联系。第二个议题为"'回'、'穆斯林'与'维吾尔'"。南京大学人类学教授范可以在《边疆、边缘及其他》中分析了泉州政府如何以伊斯兰历史文化为中心发展旅游业以及今天泉州的穆斯林群体。香港中文大学文化研究系副教授黄慧贞则从《跨越边界的香港华人穆斯林》研究了作为少数群体的香港华人穆斯林群体及其自我认同。暨南大学中文系姚新勇教授则谈了他一直关心的议题《为什么是"南疆维吾尔农民"?——关于新疆涉及宗教与民族之暴力案件频仍的"社会学性"的猜测》。第三个议题是"从边缘看国家"。汪晖发表《差异平等的危机:以民族区域为例》,分析民族区域自治政策的历史基础、当下危机与未来潜力。香港理工大学教授罗贵祥在《小国主义,大国梦》中谈了自己关于中国政治的一些看法。第四个议题是《在边缘上的知识分子》。香港中文大学助理教授胡嘉明以《谁的民间文化遗产:延安剪纸的叙述政治》,分析改革开放以来被塑造为文化遗产的延安剪纸中所蕴含的国家权力、农民主体和知识分子之间的关系。张兆和的题目为《在逃遁与攀附之间:中国西南苗族身份认同与他者政治》。最后,香港文艺杂志《号外》主编张铁志以《中国因素与台湾焦虑》为题,分析了台湾"反服贸"运动的源流及未来趋势。

岭南大学2014年5月24—25日举办的"新自由主义下的新道

德"国际研讨会旨在反思新自由主义全球化对人类情感模式的影响，探究新自由主义作为一种经济制度如何通过对人类情感模式的重塑而将自身的存在自然化。一般认为，新自由主义的历史透过国际货币基金与世界银行在全球的运作，并在学界和各种机构中发展思想及相关政策。然而，新自由主义的生产，不仅仅只是透过这些思想论述与体制运行，更同时诉诸人的幻想与感觉。本论坛的主题演讲莉萨杜根在《新自由感觉：贪婪年代的情感政治》中追溯这种新自由感觉如何借助不断维持种族殖民主义的幻想，促成婚姻亲属关系与企业欲望的性别化运作。面对全球未来新自由主义情感的发展，她认为新道德主义的多种变化最为核心，必须受到严正的审视。

本次论坛共分四场，第一场分析郑亘良的《初探台湾"中国因素"：民主及其不满》及叶荫聪的《道德漠视与远程资本主义：〈蜗居〉受众研究》，分别分析中国台湾及大陆的新自由主义情感结构。第二场殷美琪的《东南亚电影中的性别恐惧初探》和邓芝珊的《香港助人工作者及教师对同性恋及自残行为之观点》，分析新自由主义的性别政治。第三场宁应斌、卡维波的《新自由主义与新道德主义》和游静的《打造香港道德》，研究新自由主义的伦理观念。第四场荷安柏的《界定欲望与危险抉择》、黄道明的《慢性病的检疫隔离与道德重整：医疗治理、治疗公民权与台湾艾滋列管产业》和丁乃非的《性工作女性主义：偶然与必然》，分析新自由主义的身体政治（岭南大学文化研究系"新自由主义下的新道德"国际研讨会，http://commons.ln.edu.hk/neomoralism_conference/，2015年5月21日）。

此外，香港中文大学亚太研究所性别研究中心联合平等机会委员会、欧盟驻香港及澳门办事处于2014年8月28及29日召开了"性见共融国际研讨会"作为其每年一度的大型学术会议。这个首度于香港举行的会议聚合了本地及海外学术界及法律界专业人士、议员、政府官员及人权专家，借助这个交流平台，各专家在一连两天的会议中探讨了本港及欧盟地区的男女同性恋者、双性恋者、跨性别人士及双性人的议题及经历。合办单位希望透过交流各界的策略、面对的挑战及成功的经验，让大众更加明了相关的立法安排，对商界、教育界、宗教界以至社会更广阔的层面有何影响。

　　会议共分四个讨论小组。第一组讨论性少数群体的法律保障，比较香港和欧盟性少数的主要权利和经验，探讨反歧视法例及政策、中伤/煽动仇恨的法例、享有家庭生活的权利（例如同性婚姻、公民结合、受养人签证）。小组亦分析了亚洲和西方在对待关乎性倾向和性别认同的权利方式的异同。第二组则探讨跨性别人士的权利及重要法例的发展，集中于香港公民社会在进一步推动跨性别人士权利方面的工作。此外，小组集中就英国平等法例中对性别认同歧视所提供的保障探讨其发展情况。第三组处理社会上对于性小众法例的忧虑和法例带来的社会影响。焦点是性少数权利和一般大众（特别是某些宗教和家庭团体）对这些权利的忧虑的关系。小组研究性少数人士的权利和宗教人士不受宗教歧视（有时称为逆向歧视）的权利和宗教/言论自由之间的冲突和忧虑，亦探讨法例（例如订明例外情况）、政策和教育可以如何处理这些冲突和忧虑。第四组探讨性少数者在争取立法和推广性少数权利（公民社会、商界、国会议员及宗教团体）方面的角色（"性见共融国际研讨会"，（http://www.eoc.org.hk/eoc/otherproject/lgbti/chi/index.html，2015年5月30日）。

　　侧重研究文学电影的文化表征的香港大学比较文学系举办了"华语电影节"国际会议（2015年3月31日—4月1日）。会议共两天，第一天为内部工作坊，共有三个议程："中文世界之外的华语电影和电影节""华语世界的地方和另类的电影节"和"华语世界中的国际电影节"。第二天是公开会议，探讨"作为机构的电影节"。这个讨论涵盖了世界各地的国际电影节以及它们在塑造东亚电影在亚洲之外的形象和为亚洲观众放映小众电影中的作用。来自芬兰的 Eija Niskanen 教授讨论了欧洲小众电影节在为亚洲电影培养观众过程中所起到的作用。Peter Rist 教授讨论了加拿大电影节中的华语电影。Denise Tang 讨论了香港的男同性恋和女同性恋电影节在放映这些电影中的作用，特别是这些电影如何定位其碎片化的观众。Aruna Vasudev 研究了影迷在印度的第一个为鼓励文化交流的亚洲电影节中的作用。Jeannette Paulson Hereniko 则探讨了夏威夷国际电影节的建立以及这个电影节如何为美国观众选择东亚电影。最后，Gina Wong 以上海的独立电影节为例，探讨了中国独立电影放映中存在的问题。最后，裴开瑞（Chris Berry）and Robinson 介绍了中国电影节研究网络。这一部分还设置了一个圆桌讨论，探讨电影节研究作为电影研究亚领域的可能性问题以及亚洲华语独立电影研究中的的特殊性。其中的主要观点认为电影节作为一个机制已经将亚洲电影节排斥在外，我们对 20 世纪电影节的演化是非常片面的，并且严重地偏向于欧洲和北美的历史。在勾勒华语电影节的流通时，这个研究在聚焦于亚洲自身的同时，致力于重构欧洲、北美和亚太地区电影的复杂关系（http://www.complit.hku.hk/events/March－April－2014－Hong－Kong－Workshop－Report－final.pdf，2015 年 7 月 5 日）。

香港大学比较文学系、香港研究中心和全球化与文化研究中心于 2014 年 12 月 7—9 日联合举办了"香港作为方法"国际会议。这一会议紧扣香港社会运动中最为关切的阶级、民主和民族话题。阿巴斯作主题发言，会议共分 7 个部分。第一部分讨论香港法律的主体。第二部分从伦理学层面讨论身份的多重性。第三部分直接与文化研究相关，讨论性别政治。Lucetta Kam 从"出柜"的选择谈论了后殖民香港的酷儿生命。Paris Lau 探讨了酷儿身份作为想象正在消失的香港的方法的可能性。Gina Marchetti 分析了香港女性电影人所制作的电影中的性别视角对于香港身份的意义。Winnie Yee 从全球化的角度分析了两首香港诗歌。第四部分探讨电影对香港的想象。Vivian Lee 分析了后 CEPA（内地与香港更紧密经贸关系安排）时代香港电影的去地域化和再地域化。Kenny Ng 从审查的角度研究了做香港殖民文化史的方法。Marco Wan 从电影中思考香港法律的变化。第五部分讨论全球现代性。Petula Ho 从香港政治中研究男性气质。Eric Yu 研究香港恐怖故事中的日常现代性。Desmond Sham 则从香港作为港口城市出发探讨其全球性。第六部分探讨社会话语。罗永生从香港最近的极右政治运动兴起中探讨民粹的想象和实践。Mirana Szeto 从社会运动的文化和空间转向中思考香港的殖民性问题。第七部分 Chen Yun－chung 和 Gordon Mathews 从香港的社会运动中讨论另类公民性

（https：//docs.google.com/document/d/1Fz7EFRB－lOUdiCmy0JzL_EiCOisPo6-hehSXstncwL8/edit，2015年7月1日）。

香港大学中文学院也举办了涉及文化研究议题的国际会议："翻译中国男性气质：全球语境下的中国男性"（2015年12月12—13日）。会议的主要目的是研究中国国境之外的当代中国男性气质的描述和实践，通过对国外环境里中国男性气质的重塑，建构起关于中国男性气质的新理论。这次会议的论文集中于发展创新的跨学科方法论和概念框架，希望可以在现有的英美模式的男性气质之外，提供植根于中国男性气质历史的理论贡献。会议关心的问题集中在性别政治和民族国家身份建构两个方面（香港大学中文学院网站，http：//www.chinese.hku.hk/main/category/news-events/past-events-2013-14/，2015年6月3日）。

会议共分6个部分。第一部分的主题为"男性气质与民族差异"，包括3篇论文：《在崛起的中国叙述白人男性气质》《沟通中国离散身份：性冒险、跨国男性气质和寻找故乡》以及《中国移民主体在日本：男性气质人物角色、政治和沟通》。第二部分为"在香港和台湾沟通男性气概"，包括4篇文章：《成为香港人就意味着成为一个女性化的男人：在90年代的香港沟通男性气概和民族性》《在抒情歌词之间：香港和台湾流行音乐反映的男性气质及其变形》《品味食物、品味乡愁：蔡澜的烹饪男性气质》和《不要穿得像个小姐：在台湾男性的性观光中沟通性别、阶级和异性性行为》。第三部分是"中国男性气概在西方"，包括3篇文章：《离散中国男性气质和中国崛起：中国专业人士在英国》《一般视角下的"中美国"男人》和《卑鄙的北美男人：种族、阶级、性和在美国重塑中国男性气质》。第四部分的主题是"电影和电视中的跨国中国男性气质"，包括3篇文章：《电影再现中的跨国中国男性气质》《中国角色的世界主义：中国电视剧中的跨国男性形象》和《当代欧洲犯罪电视剧中的中国男性气质》。第五部分"旅行和跨国主体性：文学中的男性气质"，包括3篇文章：《从岛屿到岛屿：黄锦树和跨国中国男性气质的成形》《以英语为母语者在旅行写作中对中国男性气质的想象》和《哈金叙事的再男性气质化》。第六部分的主题是"男子气概、国家地位和父权",包括3篇文章:《海外养家糊口的人还是家乡的照料者?中国移民父亲中的理想孩子照料者形象》《中国的普京》和《跨文化媒介再现中理想化的父权》。

最后,香港树人大学、香港中文大学、香港浸会大学在2015年6月9—12日联合举办了德勒兹与新人文主义的文化相遇。这一会议议题是受到德勒兹对传统人文思想如何能够在东方和西方的相遇中被激活。这个会议的基础在于人文研究、多种艺术形式、媒介和电影等文化文本,但是研究的问题却修正了人文主义,导向后人文(香港大学中文学院网站,http://www.chinese.hku.hk/main/category/news-events/past-events-2013-14/,2015年6月3日)。

四、其他学术活动

除了大型的学术会议之外,香港地区与文化研究议题相关的学术活动还包括一些院系的相关常规学术活动。比如,2014年,香港中文大学文化与宗教研究系活动如下:

1月 Helen Grace 教授讲座:"无所不在的媒介和日常生活""先锋电影论坛之四——吴文光的'民间记忆计划'及其影像"

2月 Susanna Mok 讲座:"寻找赞助秘籍",Alice Lee 讲座"版权条例修订与戏仿作品"

3月 Carla de Utra Mendes 讲座:"博物馆之必要:传承与教化",Cheung Ping Kuen 讲座"艺术评论之路"

4月 纪录片《对话》放映会,Jack Halberstam 讲座"站在失败的一方"

5月 游学者会:身体姿势和学术范例研讨会,周蕾讲座:"边缘香港"

9月 新加坡艺术家 Ming Wong 的"艺术人生谈",北京大学向勇教授讲座:"文化创意产业的创意战略与商业创新"(https://culturalstudiescuhk.wordpress.com/,2015年5月27日)

香港大学比较文学相关学术活动如下：

5月 第一届研究生年会，分为3个主题：香港的文学与电影，现代中国妇女，批判方法论（http://tl.hku.hk/2014/05/first-annual-postgraduate-conferenceworkshop/）

香港大学中文学院文化研究相关学术活动如下（香港大学中文学院网站，http://www.chinese.hku.hk/main/category/news-events/past-events-2013-14/，2015年6月3日）：

2月 宋耕讲座："想象他者：中国电视剧中的外国人形象"

5月 王茁讲座："明代女性作者'性别主体性'之商榷"

12月 Chris Berry 讲座："放映上海：公共银幕与公共空间"

香港大学语言与文化研究中心香港学术活动如下：

3月5日 Stephen Chu 讲座："转变中的得与失：在中国时代重新勾画香港文化"

4月10日 林夕讲座："我所爱的香港"

10月10日 周耀辉讲座："趁香港还有我们"（香港大学语言与文化研究所网站，http://www.hkstudy.hku.hk/newsevents.html，2015年7月6日）

香港浸会大学传理学院与文化研究相关的讲座有 Ian AITKEN 教授的"卢卡奇电影理论"和 Kineta HUNG 教授的"在广告中重新定位中国"（香港浸会大学媒介与传播研究中心网站，http://www.comm.hkbu.edu.hk/cmcr/event_1d.html，2015年6月20日）。

五、学术出版

2014，香港文化研究的学术出版比较活跃。不管研究对象是流行文化、民族国家、民间传统还是社运历史，其议题都是紧紧围绕本土文化身份展开。恰逢香港中文大学文化研究系建立10周年，香港中文大学出版社出版了两本纪念文集《文化本是平常事：文化研究·实践·生活》和《感/观日常：跨文化研究读本》。这两本书汇集了香港中文大学文化研究系成立10年来的硕博士研究论文的精华，回顾并探索文化研究的理论与实践。该文集从"电影""性别""文化政策与治理""否思香港"四个方面切入,论述当代中国内地及香港地区的多项文化议题,打开了包括文化再现、消费、身体、空间等等一系列问题的重新认识和想象。

香港理工大学教授罗贵祥主编的《亚洲的亚洲》(香港中文大学出版社出版)一书集合日本、韩国、印度、美国、欧洲及中国内地与香港地区学者,对21世纪再度成为世界焦点的亚洲,从不同角度、领域与历史时段进行思想性研究。这些学者从实存的问题出发,思考、探索和剖析亚洲的困局,从而寻找"亚洲"的种种可能,及其对世界未来的启迪。过去,"亚洲"这个概念曾被意识形态利用,既为侵略霸权提供合理借口,也让受压迫者寄予自由解放的希望。"冷战"结束,亚洲各国在政治、经济、文化、人口上的交流互动愈趋密切,极可能成为带动全球发展的新的共同体。但同时,亚洲各国之间的历史紧张关系、相互的不信任、新的民族主义兴起,以及外来力量的干预与介入,令"亚洲"作为一个地区实体,或是一个价值理念,变得更为复杂。

香港浸会大学人文及创作系助理教授周耀辉和荷兰阿姆斯特丹大学文化分析中心教授高伟云(Jeroen de Kloet)合著的《多重奏:香港流行音乐声像的全球流动》(香港中文大学出版社)一书横跨香港过去40年的历史,以流行音乐为脉络,尝试书写关于香港的记忆、身份、语言和政治的记录。两位作者从歌词书写、视像制造,到粉丝文化、唱片公司、表演场馆等流行音乐产业场域切入,一步步展现和分析香港流行音乐生产、消费和流通的各个环节。

蔡志祥、韦锦新编的《延续与变革:香港小区建醮传统的民族志》(香港中文大学出版社)致力于本土文化传统的发掘。以近30年香港的建醮活动为平台,借着口述历史、民间文献和民族志记录汇聚丰富材料,研究乡村小区内在结构和外缘关系的变迁。全书按照举办建醮活动的不同主体,划分为单姓宗族聚落、复姓村落、单姓主导的复姓聚落、墟市、客家等章节,以不同的地方社会组织形态为主题,集中反映小区历史沿革、群体意识形态、文化价值认同和特定时空的世界观；并刻划出传统权益与政府干预之间的张力，以及乡村社会与都市之间的隔阂与界限。

吕大乐编《胸怀祖国》（牛津大学出版社）包含了两个"热门"题目："六七暴动"和"左派"工会。其中叶健民所写的《"六七暴动"的罪与罚》，以收藏于香港及伦敦的档案文件为研究材料，重新了解当年抗争的暴力程度，并反思殖民政府那种宁枉勿纵的处理手法。梁宝霖和梁宝龙写《爱国工会：香港工会联合会》，是从社会政治生态的环境来看工联会的发展历程。在这两个热门议题之外，本书还收录了几个少有研究的团体。这在很大程度上呼应了前文所提到的"左派"作为一个社会系统的观点。在体育界，赵永佳、吕大乐和梁懿刚以愉园足球会为例加以说明这类社会团体在香港战后历史扮演的角色。在文学界，张咏梅以《文汇报》中一个"长寿"小说专栏《港Q正传》来勾画"左派"如何"想象"战后香港的殖民与资本主义。而李少恩更以"南国粤剧团"和"左派"工人的业余剧团运动来描述文艺活动对战后"左派"运动开展、团结群众的重要性。

黄慧珍主编《东亚的性别和家庭》（Gender and Family in East Asia）研究了现代化和全球化背景之下的东亚性别政治和家庭文化，同时探究了东亚妇女在日常生活中所面临的结构性困境。全书共分三个部分，分别讨论婚姻和母职、宗教和家庭以及移民。为了更好地揭示问题，他们研究了国家层面的变化如何作用于地方，不断增长的国内和国际移民如何影响了东亚文化，以及宗教和国家如何在家庭当中影响了日常生活。

此外，香港一些学术期刊也刊发文化研究的相关文章。其中香港中文大学中国文化研究所的双月刊学术期刊《二十一世纪》载有周陆《人民日报"爱国主义"的历史变迁》，马得勇、张曙霞《中国网民的"左"与"右"》和陈韬文《中国都市的想象与现实》。香港中文大学新闻传播学院的英文季刊 Chinese Journal of Communication 发表了 Hye-Kyung Lee 的《亚洲流行文化：全球连续/不连续性》和 Liew Kai Khiun《声音的多样性：香港流行音乐和全球声音和图像的流通》。香港中文大学新闻传播学院中文刊物《传播与社会学刊》发表了叶月瑜的《民国时期的跨文化传播：文艺与文艺电影》，阐述文艺如何在民国时期的文化政治语境中，发展出对当时电影生产与评论有深厚影响的主导性地位。同时也讨论文艺作为电影类型，与西方电影的对应之处。此外还有邱琪瑄、萧颖、陈耀竹《中国大陆与台湾地区文化创意产业园区公私协力伙伴关系之比较研究》和许如婷《台湾 K-POP 女性"迷/粉丝"的跨国消费与文化想象》，以及霍尔纪念文章、马杰伟的《悼念霍尔：反思批判传播学》和苏铁机的《霍尔：他的著作和影响》。

六、结　论

这一年，香港文化研究界最重要的趋势就是对现实问题的积极回应与介入，并在这个过程中实现了跨学科交流。如香港大学的"香港作为方法"研讨会，就从法律、视觉研究、社会学等不同学科出发，思索香港作为一个地方的可能性问题。再如，香港中文大学文化研究系的工作坊"中国的边缘与边界"就是对近年来广受关注的香港本土身份及香港与整个中国关系的直接回应。尽管与会的学者之间的立场差异很大，甚至讨论的问题并不在一个层面上。如罗贵祥的发言事实上就是从陈云"香港城邦论"的角度出发来定义、想象整个中国的问题，其中二元对立的视角清晰可见，而孙歌却从思想史的角度对这种自居于受害者的心态提出批评，并探讨在承认二元的前提下，跳出非此即彼的选择。尽管从各自的经验和位置出发，真正的对话并未出现，但这一会议也的确为不同观点的同时展现提供了可能性。但是，不得不再次强调的是，尽管文化研究对香港阶级、民主和民族议题的探讨更为深刻，但是鉴于现实斗争的激烈，它所起的作用与其说是分析这些议题的复杂性，不如说是为其寻找合法性。如"香港民族"讨论中所蕴含的种族主义就没有在学术界得到真正的清理。

参考文献

[1] 牛津出版社网站：http://www.oupchina.com.hk/.

[2] 香港大学比较文学系：http://www.complit.hku.hk/.

[3] 香港大学语言与文化研究所：http://www.hkstudy.hku.hk/newsevents.html.

[4] 香港大学中文学院网站：http://web.chinese.hku.hk/main/.

[5] 香港浸会大学媒介与传播研究中心：http://www.comm.hkbu.edu.hk/cmcr/event_1d.html.

[6] 香港岭南大学文化研究系：http://www.ln.edu.hk/cultural/.

[7] 香港中文大学出版社网站：https://www.chineseupress.com/.

[8] 香港中文大学文化研究系：https://culturalstudiescuhk.wordpress.com/.

[9] 张健. 香港社会政治觉醒的动因：阶级关系、参政需求、族群认同 [J]. 二十一世纪, 2015 (1).

附录二：文化研究关键词

A

abstractism　　抽象主义
aesthetic culture　　审美文化
aestheticization　　美学化
alienation　　异化
alternative society　　二次元社会
anthropology　　人类学
anti-rationalism　　反理性
articulation　　接合
audience　　受众
autonomisation of culture　　文化自治化

B

binary opposition　　二元对立
Birmingham School　　伯明翰学派
body anthropology　　身体人类学
body culture　　身体文化
body deconstruction　　身体解构
body suppression　　身体压制

C

capital　资本
capitalism　资本主义
carnival　狂欢
categorize　范畴化
CCCS（Centre for Contemporary Cultural Studies）　当代文化研究中心
cinema experience　电影经验
cinematic reality　电影现实
class　阶级
collective representation　集体表征
colonialism　殖民主义
commodification of culture　文化商品化
common culture　共同文化
communication　交往
conceptual culture　概念文化
constructivism　建构主义
consumer body　消费身体
consumerism　消费主义
counterculture　反文化
counter-histories　反历史
cultural capital　文化资本
cultural criticism　文化批评
cultural democratization　文化民主化
culturalism　文化主义
cultural policy　文化政策
culture pluralism　文化多元化

D

daily life　日常生活

decentrering 去中心
deconstruction 解构
depth interview 深度访谈
deterritorialization 去地域化
dialogism 对话原则
discipline 规训
discourse practice 话语实践
disperse 离散
defferentiation of spheres 领域分化
discourse 话语
discourse subject 话语主体
dominant ideology 主流意识形态

E

electronic culture 电子文化
enlightening subject 启蒙主体
embodied philosophy 具身哲学
empiricism 经验主义
epistemology 认识论
established society 既存社会
ethnography 民族志
exstentialism 存在主义

F

feminism 女性主义
fields 场域
fieldwork 田野调查
foreclosure 阻离
Frankfurt School 法兰克福学派
functionalism 功能主义

G

gender　　性别

genre　　类型

gentrification　　缙绅化

global city　　全球都市

governance　　治理

H

hegemony　　霸权

Hegemony Theory　　霸权理论

hermeneutics　　解释学

heterogeneity　　异质性

high modernity　　盛期现代性

hybrid codes　　杂交符码

hybridity　　混杂性

I

identity　　身份

ideology　　意识形态

impressionism　　印象派

individual body　　个体身体

instrumental rationality　　工具理性

inter-body　　互为身体

intercultural　　跨文化的

intertextuality　　互文性

J

juxtaposition　　并置

L

language games　语言游戏
legality　合法性
life-world　生活世界
literate culture　读写文化
local　本土

M

main-stream culture　主流文化
margin　边缘
marginalized body　边缘身体
Marxism　马克思主义
masculinity　男性气质
mass culture　大众文化
mechanical reproduction　机械复制
mental structure　心理结构
metanarrative　元叙事
micro-power　微观权力
middle class　中产阶级
mimesis　模仿再现
mind-body dualism　身心二元论
mind-body monism　身心一元论
minority groups　少数群体
Mirror Theory　镜子说
modernism　现代主义
methodology　方法论
multi-perspective　多视角
multi-culture　多元文化
multiple identities　多重身份

N

national identity　　国族身份
national-popular concept　　民族大众概念
neo-conservatism　　新保守主义
neoliberalism　　新自由主义
new humanism　　新人文主义
New Left　　新左派
niche market　　分众市场
non-economic values　　非经济价值

O

object　　客体
ontology　　本体论
oral culture　　口传文化
organic intellectual　　有机知识分子
others　　他者

P

paradigm　　范式
parallel editing　　平行剪接
parody　　戏仿
participant observation　　参与观察
pastiche　　拼贴
photography　　摄影
plausibility structure　　似然社会结构
popular culture　　流行文化
populism　　民粹主义
post-industrial society　　后工业社会
postmodern culture　　后现代文化

postmodernism　　后现代主义
power　　权力
power relation　　权力关系
power society　　权力社会
power network　　权力网络
projection　　投射
psychoanalysis　　精神分析
public space　　公共空间
public sphere　　公共领域

Q
queer　　酷儿

R
race　　种族
rationalism　　理性主义
rationality　　合理性
realism　　现实主义
relative autonomy　　相对自治
representation　　表征
re-socializtion　　重新社会化
re-territorialization　　再地域化

S
schema　　图式
second life　　第二生
self-reflexivity　　自反性
sexual minorities　　性少数
simulacra　　拟像
simulation　　仿真

social body　　社会身体
socialization　　社会化
social semiotic　　社会符号
social subject　　社会主体
space　　空间
spectacle movies　　奇观电影
structuralism　　结构主义
study of audience reception　　受众接受研究
Subaltern Studies　　贱民研究
subculture　　亚文化
subject　　主体
subject consciousness　　主体意识
substantive rationality　　实质理性
superstructure　　上层建筑
surrealism　　超现实主义
symbolic form　　象征形式
symbolism　　表征

T

teen　　青少年
text　　文本
textual analysis　　文本分析
the era of world image　　世界图像时代
the idol of consumption　　消费偶像
the perspective of omniscient and omnipotent　　全知全能视角
the society of spectacle　　景象社会
the world's body　　世界身体
thick description　　深描
time for reading picture　　读图时代
transgression　　僭越

V

virtual image　　虚拟影像
virtual space　　虚拟空间
visual consumption　　视觉消费
visual culture　　视觉文化
visuality　　视觉性

W

working-class culture　　工人阶级文化

Y

youth　　青年